U0077054

害羞心理學入門

蘇素美　著

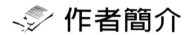 # 作者簡介

蘇素美

學歷：國立政治大學教育學士
　　　高雄師範學院教育碩士
　　　高雄師範大學教育博士
經歷：私立嘉南藥專講師兼學生輔導中心輔導老師
　　　國立高雄師範大學學生輔導中心助教
　　　國立空中大學兼任助理教授
現職：國立高雄師範大學學生輔導中心助理研究員

✎ 作者序

　　美國史丹福大學研究害羞的專家 P. G. Zimbardo 教授曾說：
「怕蛇的人可以住在城市裡，有懼高症的人可以住在平房內，
可是有『懼人症』的人要何去何從呢？」害羞對個體的適應有
很多負面的影響，尤其在重視自我行銷及人際互動頻繁的今日，
害羞更會讓個體錯失了很多機會，影響到自我能力的表現。本
書是一探討害羞課題的專書，從害羞的理論基礎、認知模式、
測量方法、相關研究一直到輔導策略，全書一脈相承，透過學
理及實務的介紹，藉以揭開害羞的神祕面紗。

　　全書共分九章。第一章為緒論，第二章探討害羞的神祕面
紗，對害羞特質下一定義，並分析引起害羞的因素及其對個體
的影響。第三章介紹害羞的理論基礎以及害羞的分類，並澄清
與害羞相關的概念。第四章剖析害羞個體的認知模式。第五章
介紹害羞的測量方法，並提供筆者自編的害羞量表，以方便讀
者自行測量。第六章蒐集了國內外有關害羞的相關研究。第七
章介紹害羞的各種輔導策略，包括認知治療、社會技巧訓練、
肌肉鬆弛訓練……等等方法。第八章綜合文獻探討及實務經驗，
對家長及教育輔導人員提出建議。第九章則針對害羞者本身提
出建言。

　　筆者有鑑於國內缺乏介紹害羞的專書，因此，乃斗膽嘗試
撰寫本書，希望能對有害羞困擾的人有所幫助。本書的完成，

首先要感謝恩師吳教授裕益的多方指導，並協助全文之潤飾，心理出版社吳總編輯道愉對本書提供很多寶貴的建議，讓全書更具可讀性。感謝高師大師長及同仁們在工作上的體恤與幫忙，讓筆者無後顧之憂，感恩父母親養育及栽培之辛勞，以及姐弟們的陪伴與支持，而外子勝彥的體恤與吾兒岳錡天真無邪的笑容，也是促成本書問世的重要功臣。由於筆者才疏學淺，疏漏之處，尚祈諸位先進不吝指正。

目錄

圖表目次

第一章

緒　論

　　人類是社會性的動物，我們的言行幾乎是與人互動的產物，而在社會互動中，幾乎每個人都有過害羞的經驗，或者使用過這個名詞來描述自己或他人的感受。根據 Zimbardo、Pilkonis 和 Norwood（1975）的研究發現，在八百名高中生和大學生樣本中，超過 40% 的人認為目前自己是害羞的，有 82% 的人曾有過害羞的經驗。而 Zimbardo、Pilkonis 和 Zoppel 於一九七七年對害羞問題進行跨文化的研究，以八個國家的大學生為對象，結果顯示，害羞之普及率比美國低的是以色列（31%）與墨西哥（39%）；和美國相當者為西德（43%）、紐西蘭（44%）和印度（47%），而自認為害羞的比例最高的是台灣（55%）和日本（57%）（引自 Zimbardo, 1977a, p.25）。不過，根據最新的研究資料發現，近年來美國人害羞的現象已由 40% 提升至 48%（Carducci, 2000）。吳靜吉（民 74）曾對國內大學生進行兩次調查研究，結果都發現有 50% 左右的學生認為他們是害羞的人。蘇素美（民 84）對大學生的研究結果也顯示，有 61% 的大學生自認為是個害羞的人，而且有 31% 的大學生認為自己一直都是一位害羞者。由此可見，害羞不但具有普遍性，而且是世界性的問題，另外，隨著科技的進步，害羞似乎有日漸普遍的現象。

　　雖然害羞是普遍存在的問題，但是害羞的研究在以往常被忽略，原因有三：第一、害羞缺乏外在的徵候學（symptoma-tology）以及和心理狀態有關的病理學（pathology）；第二、「害羞」就像害羞的人一樣很容易被忽視；第三、害羞有些部分被包括在更大、更複雜的概念之中，如內向性和神經質（Briggs, Cheek, & Jones, 1986）。害羞研究的起源可以追溯到大約一百年

前的精神病理學。害羞的研究時期可以分成三個階段，第一個是描述階段：以偶然的臨床上之觀察為基礎來進行分析，研究者大都是那些醫學和心理學的從業人員。第二個階段是流行階段：由於近年來的高人口流動率以及婚姻與家庭支持系統的瓦解，使得社會連結性降低，個體必須在傳統的群體和家庭關係之外建立新的友誼關係；因此，在一九七○年代的中葉和末葉，害羞成為熱門的主題，有很多教導個體如何克服害羞、拓展人際關係的專書發行。第三個階段乃是實徵研究的階段，近二十年來，害羞的問題日漸受到重視，學者紛紛以實徵研究來建立害羞的建構，探討害羞的概念與定義，並發展出測量害羞的量表，學者也開始對害羞的起源、所導致的後果，以及治療的方法進行研究（Briggs, Cheek, & Jones, 1986）。

第一位對害羞問題進行系統性分析的學者，首推美國史丹福大學心理系的Zimbardo教授。他曾說：「有些人害怕蜘蛛，有些人害怕蛇，也有些人有懼高症害怕搭飛機……不過怕蛇的人可以住在城市裡，有懼高症的人也可以選擇平房居住，可是有『懼人症』（people phobia）的人要何去何從呢？」（Zimbardo, 1977a, pp.108-109; Zimbardo & Radl, 1981, p.11）。雖然，一般害羞者還不至於嚴重到「懼人」的程度，但是，害羞對個人的適應有很大的不良影響。研究發現：害羞的人朋友較少（Jones & Russell,1982）、社會網絡小、社會支持低、較不滿意他們的所有關係，因而感到寂寞（Jones & Carpenter, 1986）。

筆者有鑑於害羞問題的普遍性，以及對個體的負面影響，因此，乃嘗試對此一問題進行有系統的介紹，希望能發揮拋磚引玉的效果，引起大眾對害羞問題的重視。

第二章

害羞的面紗

第一節 害羞是一種情緒狀態或人格特質

　　害羞是描述個體在社交情境中感到不安和抑制的常用名詞，如果將害羞視為一種情緒狀態，那麼害羞幾乎是最普遍的經驗，在一項跨文化的研究中顯示，只有不到 10%的受試者表示從未感到害羞過（Zimbardo, 1977a, p.25）；而情境性的害羞（situational shyness）是一種短暫的情緒狀態，乃是人類發展和成人每天生活的正常現象（Cheek & Briggs, 1990）。

　　雖然很多人只在生命中的特定時間或者與特定的情境相連結時，才認為自己害羞，但有證據顯示：害羞是一種穩定的人格特質（Jones, Briggs, & Smith, 1986）。例如，在 Zimbardo（1977a, p.25）的調查中，大約有 25%的人認為他們自己是長期的害羞，從以往到現在都是；Russell、Cutrona 和 Jones（1986）的研究顯示：害羞得分在平均數以上者在所有研究的情境中，都比平均數以下者有更大的激起（arousal）（如焦慮、自我意識、沈默……等）。Carducci 和 Stein（1981）以一千一百二十位大學生為對象，比較九年期間（1979-1987）受試者在害羞的認知、情感和情境的反應，結果顯示，有二分之一的學生覺得自己是害羞的人，而且這種害羞的反應在九年之間維持了穩定性的現象。由此可知，有些人的害羞是因情境而發生的偶然性經驗；而對某些人而言，害羞是一種穩定且持久的人格特質，即所謂性情上的害羞（dispositional shyness）——個體在他人面

前所經驗到的不安和抑制，反映了一種持久的傾向或性情，而不只是對某些特定或暫時的情境之反應。

害羞是一種人格特質已被心理學家所證實（Browne & Howarth, 1977; Cattell, 1965）。Cattell（1965）指出，害羞是一種人格因素，和遺傳及嚴格的父母管教紀律有關，卡氏十六種人格測驗（Sixteen Personality Factor Questionnaire; 16PF）中，便包含測量害羞的因素──「敢為性」的反面特質，即羞怯人格（H-negative 或 Threctic Personality）。Browne 和 Howarth（1977）將一些人格問卷的題目進行分析，結果發現對共同變異解釋量最大的因素是社交性害羞（social shyness），因而認定害羞是人格的基本成分。

Zimbardo 等人（1975）認為，害羞人格和非害羞人格者最重要的差別在於「自我評價」。具有害羞人格者認為自己害羞，因而對引起害羞之任一情境更為敏感，而且引起害羞的原因是他們自己──即自我信念，那是一種特性，一種人格的成分；而相對地，對非害羞人格者而言，他們相信是外在特定的人與情境──即外在事件引起他們的害羞，而那些情境對大部分的人而言，可能都會引起焦慮和舞台恐懼（stage fright）。所以害羞可以被視為是個人所苦惱的人格特性，也可以被視為是外在情境所引起的正常反應。對那些自認為自己害羞的人而言，害羞乃是一種穩定且持續的人格特質，而非短暫的情緒狀態（Backteman & Magnusson, 1981）。

第二節 害羞的定義

Zimbardo（1977a, pp.23-24）指出，害羞是一個模糊的概念，看得愈仔細，愈會發現它的多樣性。沒有一個單一的定義可以精確地說明害羞的意義，因為它對不同的人有不同的意義。害羞是一種複雜的狀態，它對個體的影響是連續的，不能截然劃分——從輕微的不舒服到對人不合理的害怕，甚至於極端的精神官能症（neurosis）。然而，臨床上、心理測量、實驗及觀察研究對於害羞者在社會互動的典型反應，卻有相當一致的結論：緊張的感覺、特定的生理症狀、敏銳的自我意識、害怕他人給予負面的評價、笨拙、抑制和沈默（Briggs, Cheek, & Jones, 1986）。

害羞定義的紛歧，最主要在於：到底哪一些特定的反應才是害羞的中心特質。Leary（1986）指出，害羞的定義至少有十四種以上，雖然各種定義不完全相同，但依據其相似性，可以歸納成三大類：

1. 害羞是在人際情境中產生憂慮、恐懼、緊張不安的主觀經驗（Buss, 1980; Leary & Schlenker, 1981; Zimbardo, 1977b）。Zimbardo 和 Radl（1981, p.9）認為，害羞是一種使個體極端關心別人對自己的看法之心理態度，因而使個體對於遭受拒絕過於敏感，傾向於逃避人群和情境，以避免受到任何有關行

為或外貌上可能的批評，並盡量採取低姿態以免引起他人的注意。以此觀點而言，害羞被視為社會焦慮（social anxiety）的一種特殊形式（Buss, 1980; Leary, 1983）。

2. 害羞是一種抑制、沈默或社會逃避的行為形態（Pilkonis, 1977a）。Pilkonis 認為害羞是一種避免社交的傾向，而且無法適當地參與社會交往的活動。Leary（1986）認為如果以行為的觀點來看，以沈默、逃避、抑制等名詞來代替害羞，可以使其意義更為明確。

3. 害羞是一種心理的症狀，包括主觀的社會焦慮和抑制、逃避等行為（Cheek & Buss, 1981; Crozier, 1979; Jones & Russell, 1982; Leary, 1986）。Leary（1986）認為，害羞是由於人際評價（interpersonal evaluation）所導致的社會焦慮與人際抑制之情感及行為上的症狀。Leary 主張此類的定義比上述兩類更為周延。

上述定義以第二種的概念最狹窄，只將此特質視為一種行為傾向，而第三種定義的概念則較廣，將害羞定義為個體在社交情境中所主觀經驗到的焦慮行為之笨拙或抑制，乃是一種情感－行為的症狀（Leary, 1986）。雖然 Leary 所提出的害羞定義概念較廣，但 Cheek 和 Briggs（1990）認為，Leary 的害羞定義並不夠完備，原因有兩點：第一、Leary 所提出的社會焦慮症狀包括情緒激起的生理反應、自我意識的認知歷程，以及被負面評價的憂慮。有研究指出，只有 40-60% 的害羞者經驗到生理上的症狀（Cheek & Melchior, 1990），因此，宜將生理和認知的成

分加以區別，不可相互混淆。第二、Leary 認為害羞必須是焦慮和行為抑制同時發生，但研究結果顯示：雖然大部分害羞的人感到自己缺乏社交技巧，但並不是所有害羞的人都會顯示行為上的徵候（Cheek & Buss, 1981; Cheek & Melchior, 1990）。

　　筆者認為對害羞徵兆的了解，有助於對害羞定義的認識，因此，以下乃對害羞所表現出來的症狀加以探討。

　　Zimbardo（1977a, p.14）設計了史丹福害羞調查表，以了解個體和害羞有關的想法、感覺、行為和生理的症狀，有將近五千人完成這份調查表。根據資料分析的結果，Zimbardo（1982）指出，害羞者認為自己害羞的證據來自四方面：

1. 行為上：沈默、無法進行眼神接觸、目光游移、逃避他人、避免主動採取社交行動、說話的聲音很低；
2. 認知上：自我意識、印象整飾、在意社會評價、負面的自我評價、想到不愉快的情境和害羞的想法；
3. 情緒上（affective）：知覺到焦慮的感覺、沮喪、不安、困窘和笨拙；
4. 生理上：脈搏加速、臉紅、出汗、心跳加速、呼吸急促、反胃。

　　Buss 在一九八四年提出了害羞的三個成分：

1. 工具性或行動成分（instrumental or action component）：退縮、沈默和抑制。
2. 情緒成分（emotional component）：包含害怕和自我意識，如果害怕佔優勢，則會有生理上的反應，由自主神經系統的交

感神經系統所引起的呼吸急促、心跳加速、血壓上升和流汗。
如果自我的知覺佔優勢，則會由副交感神經引起臉紅的反應。

3. 認知成分（cognitive component）：也包含著害怕和自我知覺，
如果害怕佔優勢，則個體會在立即的情境中經驗到驚慌，並
且擔心去面對未來非預期的社交情境（social encounters）。
如果自我意識佔優勢，則個體會產生赤裸、脆弱、愚蠢的強
烈不舒服感，並且擔心自己會說出無聊、笨拙、可笑的話，
或做出同類的事情。

Buss 認為三個成分中，害羞的行為層面最易察覺，害怕或
自我意識的情緒成分次之，而認知成分最不易被他人所覺知
（Buss, 1984, pp.39-41）。

上述 Zimbardo 和 Buss 對害羞的症狀之分析，有一些已獲得
實徵研究的支持，茲將其陳述於後：

1. 認知方面：研究指出，害羞者會有消極的扭曲認知（Jones,
1983）、消極的自我評價（Ishiyama, 1984; Jackson, 1993; Spe-
ncer, 1992）、比較不了解別人對自己的看法（Jones & Briggs,
1986）、害怕負面評價（Asendorpf, 1986; Raygan, 1991）、過
度的自我意識（Pilkonis, 1977a）、低自尊（Lazarus, 1982;
Kemple, 1995; Raygan, 1991; Stott, 1985; 蘇素美，民 85）等。

2. 情緒方面：害羞者會有下列的情緒反應：憂鬱（Traub,1983）、
寂寞（Jones & Carpenter, 1986）、敵意、神經質、懼怕、溝通
恐懼（communication apprehension）等。

3. 生理反應方面：臉紅、脈搏加速、心跳急促、急躁感、口乾

舌燥、顫抖、出汗、疲倦、反胃等現象（Fatis, 1983）。

4.行為方面：沈默、口吃、逃避他人的眼神、說話的音量很小（Fatis, 1983）、與人交談時保持較遠的距離、看起來較不友善、比較缺乏自我肯定及吸引力（Crozier, 1982; Pilkonis, 1977b）、更退縮、更不具攻擊性（Stott, 1985）、較不具社交技巧（Matsushima & Shiomi, 2000; Miller, 1995）、無法以適切的語言來表達自己的情緒（Bruch, Berko, & Haase, 1998）。

對於害羞症狀的分類，筆者比較贊同 Zimbardo 的分類——行為、認知、情緒、生理等四方面，因為 Buss 的分類中將情緒、生理反應和認知加以混淆，使得各成分彼此之間不夠清楚。然而，筆者非常贊同 Buss 的一個觀念，Buss（1984）認為，當害羞成分中的其一被個體視為社交情境中的問題時，以此來推論他的害羞是合理的，如果為了認定哪一種成分足以代表害羞，而排除其他的成分，這種作法是沒有什麼意義的。由此可見，無論是認知、情緒、生理，或行為方面，都可以提供害羞的訊息，對於害羞的認定宜兼顧各層面，而完備的害羞定義也應包含個體害羞時所表現的認知、情緒、生理或行為的徵兆。另一方面，雖然害羞的定義焦點是放在面對面的社會互動中，但害羞的感覺也可能在預期或想像的情境中被經驗到（Buss, 1980; Leary, 1986），而由於疲勞、疾病、憂鬱或不尋常的情況，如生理傷害的威脅所引起的社交行為之不舒服或抑制，是不包括在害羞的定義之中的（Buss, 1980; Jones, Briggs, & Smith, 1986）。

筆者綜合學者對害羞之看法，以及害羞者所表現出來的症

狀,將害羞定義為:「害羞是一種人格特質,具有這種特質的人在社會情境中易產生內在主觀的焦慮,傾向於逃避可能引起別人注意的情境,在社會互動中會抑制自己的行為表現,因而無法適當地與人交往,並常伴隨著消極的認知、負面的情緒、笨拙的外顯行為,以及不舒服的生理現象。」筆者所編製的害羞量表也是根據此定義來加以建構,從害羞的認知、情緒、行為及生理反應四方面來編擬題目(蘇素美,民85)。詳見第五章第三節。

第三節 引發害羞的因素

人格心理學家認為,一種特質影響行為的程度會因情境的差異而有所不同(Cheek & Briggs, 1990)。Allport(1937, pp. 331-332)更清楚地指出:特質經常是由某種情境所激起,而在另一情境之下則不會產生,並不是所有刺激的效果都是一樣的。Allport對特質的這種概念已得到一些實徵研究的支持(Cheek & Busch, 1981; Cheek & Stall, 1986)。因此,特質和情境兩者在害羞心理學中都是很重要的因素。

Buss(1980, p.187)認為,引起害羞的最重要因素乃是新奇(novelty),他將新奇的情境區分為三種:(1)物理或地理上的新奇:如遷移到新的居住地區或開始新的工作;(2)社交上的新奇:如遇見陌生人;(3)角色上的新奇:如扮演新的角色。Crozier(1986)也指出,令人害羞的主要情境因素為:(1)面對權威人

士時：害羞者感到這些人的地位比自己高，並覺得他們正在評
價自己；⑵新奇的情境：如與陌生人打交道或與人初次見面；
⑶需要採取主動時：如表達意見，或在一些與異性相處而需要
採取主動性談話的情境；⑷在一些人或一群觀眾的面前。

　　Zimbardo（1977a, pp.54-55）以四十八位住宿的大學生為受
試者，調查引起害羞的情境與人物，研究結果顯示：

1. 引起害羞的人物：依序為⑴陌生人：70%；⑵異性：64%；⑶
   知識的權威人士：55%；⑷角色的權威人士：40%；⑸親戚：
   21%；⑹老年人：12%；⑺朋友：11%；⑻兒童：10%；⑼父
   母：8%。可見陌生人、異性及權威人士乃是最容易引起個體
   害羞的人物。
2. 引起害羞的情境：依序為⑴在一個大群體中，我成為注意的
   焦點時：73%；⑵在大群體中：68%；⑶當我的地位比較低的
   情況：56%；⑷一般的社交場合：55%；⑸一般的新情境：
   55%；⑹在需要表現自我肯定的情況下：54%；⑺正在被評價
   的場合：53%；⑻在一個小群體中，我成為注意的焦點：
   52%；⑼小團體：48%；⑽當我處在柔弱狀態，需要他人協助
   時：48%；⑾一對一的異性交往：48%；⑿小組工作導向的群
   體：28%；⒀一對一同性間的互動：14%。可見在大群體中成
   為注意的焦點、大群體活動及當自己處於劣勢地位時，最易
   使個體害羞。

　　歐淑芬（民79）和蘇素美（民84）以台灣的大學生為研究
對象，結果發現最易引起害羞的人物及情境與Zimbardo的研究

大致相同，最易引起害羞之人物為：權威人士、異性、陌生人；
最易引起害羞的情境則為：情境對自己不利時、成為大團體注
意的焦點、被他人評價之情境。Pilkonis（1977b）研究指出，模
糊、非結構性（非正式）的社交情境比正式結構性的情境，更
易引起個體的害羞，因為在結構性的場合有一定的行為步驟或
方式，而非結構性的場合，行為的準則極為模糊，個體不易去
選擇適切的行為表現自己，因而產生更大的不安。由上述的資
料可知，陌生人、異性及權威人士乃是最容易引起個體害羞的
人物，而成為注意的焦點，新奇、非結構或被他人評價的情境，
以及當自己需要採取主動時，較易引起個體的害羞。

第四節　害羞對個體的影響

　　Zimbardo 等人（1975）根據多年的研究經驗指出，害羞的
人有以下七項人際交往上的困難：(1)社交問題：不易與人相識，
結交新朋友，享受新的或不同的經驗；(2)負面的情緒：如焦慮、
沮喪和寂寞；(3)不能自我肯定和難以表達自己的意見；(4)過度
的沈默，以致使他人無法認識自己真正的特質和才華；(5)不良
的自我投射（self-projection），給他人一種不友善、勢利眼以及
不想與人交往的印象；(6)在他人，尤其是陌生人或團體之前有
溝通與思考的困難；(7)過度的自我意識（self-consciousness）和
在意自己的一舉一動。除了上述之問題，更有研究指出，害羞
會造成個體的低度自尊（Kemple, 1995; Lazarus, 1982; Raygan,

1991;Stott, 1985）、憂鬱（Traub, 1983）、違規犯過行為（Zimbardo & Radl, 1981），甚至是藥物的濫用（Page, 1990）。

　　Carducci、Ragains、Kee、Johnson與Duncan（1998）以內容分析法探討害羞對個體的影響，結果發現害羞對個體所造成的問題有下列五個層面：

1. 人際上的問題：
　　⑴社交偶遇上的問題（即不知要如何與新認識的朋友互動）；
　　⑵社交上的問題（如約會）；
　　⑶親密關係上的問題（如長期的異性關係和婚姻的問題）。
2. 職場上的問題：
　　⑴個人的問題（如缺乏自信心）；
　　⑵人際上的問題（如與同事和顧客的互動）；
　　⑶與權威人士的互動問題（如對監督者提出請求）。
3. 個人的問題：
　　⑴情緒上的問題（如感到焦慮和情緒上的不適）；
　　⑵身心上的問題（如消化不良、顫抖和藥物濫用）。
4. 教育上的問題：
　　如在班上不敢起來發言。
5. 其他方面：
　　如不敢在公眾場合跳舞，或是有舞台恐懼。

　　Carducci等人（1998）指出，害羞者的最大問題顯示在人際上的社交偶遇（58%），其次為人際上的社交問題（41%）和個人的情緒問題（31%），第三則是職場上的個人（20%）和人際

問題（20%）。

　　Carducci 等人（1998）進一步分析指出，31.2%（48 人）的害羞者表示，害羞只在他們的生活某一個層面上造成困擾，37%（57 人）的害羞者有兩個層面的困擾，18.8%（29 人）的害羞者有三個層面的困擾，而有 12.9%（20 人）的害羞者有四個或更多個層面的困擾，顯示害羞對個體的影響是多方面的。雖然害羞也可能有好處，如給人謙虛的印象，可以提供機會在背後觀察別人，保持身分的隱祕，避開人際的衝突（吳靜吉，民74）。但是筆者發現，有高達 89.6%的大學生願意嘗試去克服自己的害羞（蘇素美，民84），顯示害羞的負面影響遠高過於它的好處。

第三章

害羞的理論基礎

第一節　害羞的理論

有關害羞的理論介紹極為有限，以下就筆者所蒐集到的資料加以分析如下。

一、特質論的觀點

特質論者認為害羞是先天的，害羞者先天就較容易激動，具有高度敏感的神經系統，使得他們傾向於逃避衝突和險惡的環境（Molen, 1990, p.256）。Cattell（1965）所編的卡氏十六種人格測驗中，H因素（敢為性）的反面意義即是指羞怯的特質，具有這種特質的人容易畏怯退縮，缺乏自信心，在人群中表現出羞怯，有不自然的姿態，強烈的自卑感，拙於發言，更不願與陌生人交談。特質論認為所有病態的害羞者（morbidly shy persons）都具有神經質的氣質傾向，而且遺傳是害羞的直接影響因素。雖然特質論者指出，新生兒對聲音、燈光的敏感度有個別差異存在，有些新生兒比較會啼哭；而有些則沈睡的時間較多，然而他們卻未曾指出害羞者與非害羞者在新生兒時有何差異。特質論者對個體的害羞抱持著較悲觀的態度，也否定了透過系統的處理來減輕害羞的可能性（Zimbardo, 1977a, pp. 58-60）。

近年來，隨著人類基因組合圖譜的公布，使得基因和行為

之間的關聯更加密切，也顯示出害羞者具有某種先天氣質的可能性，不過，目前基因與行為的研究仍是片段的，尚未有確切的證據。美國聖路易華盛頓大學林天送教授表示，個體的行為表現受制於很多因素：環境（包括社會與生化因子）、個性與基因間的互相作用，許多深入的研究也發現，沒有任何單一的基因能夠獨自運作而引起反應的行為（林天送，民89）。

二、行為學派的觀點

行為主義者認為害羞是個體對社交事件所習得的一種恐懼性反應（a learned phobic reaction）。這種學習可能是下列事件的產物：(1)以往在某種情境下與人互動的負面經驗；(2)沒有學習到正確的社會技巧；(3)預期自己會表現不好，因而持續對自己的行為表現感到很不安；(4)學習到「為自己的無能而貶損自己」的做法──如「我很害羞」、「我是一個沒有價值的人」。行為主義者對害羞抱持著樂觀的態度，因為既然害羞是習得的，它便也可以去除，不過，害羞有各種不同的類型，有些人雖然擁有適當的社會技巧，但因對自己缺乏自信而感到害羞，因此，成功的社會技巧訓練必須包括：社會焦慮的降低、自尊的提升，以及對個體害羞的非理性偏見之探索（Zimbardo, 1977a, pp. 60-64）。

三、精神分析學派的觀點

　　精神分析論者認為害羞只是一種症狀，一種深藏在潛意識裡不自覺的衝突之表徵。它代表本我（id）最初的希望未獲得滿足的一種反應，而最初的願望乃是指兒童希望能夠得到母親所有的愛，期望母親不要把愛給別人，甚至包括父親在內，而把全部的愛都給他的一種欲望。精神分析的論點使吾等知覺到害羞者的一些非理性現象，窺見暗藏在簾幕後面的害羞者之世界（Zimbardo,1977a, pp.65-67）。

四、社會心理學的觀點

　　早期社會心理學家大都認為害羞是個體歸因及標籤化的結果。當個體表現膽怯或羞怯，害羞者將原因歸於內在的自我因素；而非害羞者則將原因歸於外在的情境因素。害羞者因而責怪自己，甚至將「害羞」的標籤貼在自己身上（Buss, 1980, p. 200）。另外，因他人的偏見所加諸個體的「害羞」標籤，也是造成害羞的重要因素。當個體表現出害羞的行為時，很容易被別人貼上標籤，而一旦被他人長久貼上害羞的標籤，被認為枯燥無趣，則害羞者便會自己下結論：「我是一個害羞的人，沒有人喜歡我，我一點價值也沒有」（Molen, 1990）。

　　近年來Leary和Schlenker（1981）以自我表現的模式（a self-presentation model），提出了害羞的社會心理學理論，認為害羞

乃是起源於下列兩種因素：第一、個體在人際互動中過於關注在自我的表現上；第二、在互動中個體沒有能力去掌控別人的反應。因此，將害羞定義為：害羞是一種社會焦慮的狀態，源自於個體在偶然性的互動中（contingent interactions），想要給別人留下好印象，但卻懷疑自己是否具有這種自我表現的能力。當個體想要製造好印象的動機愈強，而且對自己的能力愈懷疑時，則他感到的害羞程度會愈強。Leary 和 Schlenker（1981）雖然將害羞定義為一種社會焦慮的狀態，不過，他們也指出，每個人的害羞有個別差異存在，有些人即使內心很焦慮，而且顯示了一些害羞的生理和行為上的訊息，但是外在仍然可以表現得很靜定，所以，害羞應該以社會焦慮的經驗和生理及行為上之症狀來加以分析。

五、社會學觀點

　　社會學家認為害羞是社會文化因素所造成的結果，不同的文化對害羞有不同的評價，西方社會重視個人的自我肯定行為，但是有些東方文化則視害羞為一種美德，因此，只有在文化規範和價值認為它不好時，害羞才會形成個人的問題（Molen, 1990）。Zimbardo、Pilkonis 和 Norwood（1975）認為美國的文化過於強調競爭、成功，以及個人應對自己的失敗負責，這種文化規範促使了害羞的產生及流行。而父母如果教導兒童以個人的成就、聲望或社會贊許為自我價值的標準，也會使兒童形成害羞的行為。Zimbardo（1977a, pp.276-277）曾提出十項造成

害羞的社會文化因素：(1)重視狂暴的個人主義（依自己的意思行事）；(2)提倡自我的時尚（a cult of the ego）（如內省、自我意識，以及對自我的專注）；(3)在高度競爭的社會中，獎賞個人的成功，而將失敗視為個人的羞恥；(4)對成功設定無限的渴望和含糊的標準，然而，卻沒有教導個體去對抗失敗的方法；(5)不鼓勵情緒的表達和公開分享感覺、憂慮與慾望；(6)很少提供兩性建立親密關係的機會，而且嚴格禁止大部分有關性的表達形式；(7)有條件地以個體的行為表現作為接受和喜歡他的標準；(8)強調過去和未來，而否認個人現在經驗的重要性；(9)由於遷徙、離婚及經濟的無常性助長了社會的不穩定性；(10)破壞社會大眾的共同信仰和屬於團體的榮譽。

　　Buss（1980, p.201）認為Zimbardo所提出的這十個社會文化習俗和價值，在任何社會對於青少年的社會化都有消極的影響，不過，它們對行為的影響面很廣，吾人很難明確去了解它們是如何引起個體的害羞。例如，最前面的兩個因素可能會形成一個自我中心、狂暴的人，不過，這種人是不會感到害羞的。而第六個因素（兩性很少有機會交往）顯然是今日中國大陸社會的特徵，但是Zimbardo和其他的學者卻評論說：中國大陸的人民是世界上最不會害羞的人（Zimbardo, Pilkonis, & Norwood, 1975）。簡而言之，Zimbardo的十個社會習俗並不會都導致個體的害羞，它們太過於空泛，無法對害羞的前提提出明確的說明。

六、認知社會學習論的觀點

　　認知社會學習論認為，人類的行為是個人和環境兩者交互作用的結果，因此，害羞的出現不只是個人的因素，也視情境因素而定。Molen（1990）以認知社會學習的概念為基礎，提出了個體產生害羞的惡性循環之過程，茲將其列於圖 3-1。

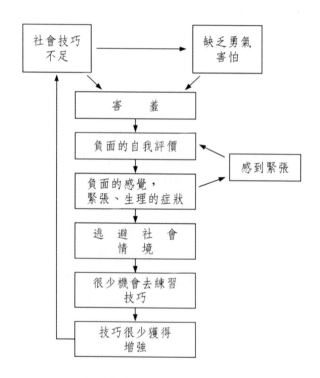

（引自 Molen, 1990, p.269）

圖 3-1　害羞的惡性循環

　　當個體在社會情境中表現了笨拙的行為，因而對自我產生負面的評價，這種負面的想法和自我的評價伴隨著負面的感覺，生理上產生各種緊張，結果使個體以緊張的心情去預期人際的互動，他們產生恐懼，因而逃避社交情境，導致個體沒有機會在社交場合中練習他們的社會技巧，而本身的這些技巧也未獲得酬賞，因而無法習得適切的社交技巧，這乃是一個惡性循環的過程（Molen, 1990）。

　　不同的學說對害羞抱持著不同的看法，特質論強調先天的特質；行為學派重視後天的學習；精神分析則透視害羞者的潛在衝突；社會心理學家指出歸因、標籤化及自我表現的焦慮對害羞的影響；社會學家偏重在社會文化及價值對個體社會化的影響；而認知社會學習論則兼顧引起害羞的個人及情境因素。Zimbardo（1977a, p.58）曾說，沒有哪一種理論對害羞解釋是最好的，但是，這些理論都將有助於我們對害羞整體現象的了解。

第二節　害羞的分類

　　由於各學者對於害羞的觀點不一，因此，對於害羞的分類也有所不同。茲將其說明如下：

一、Eysenck 和 Eysenck 的觀點

Eysenck 和 Eysenck 在一九六九年時區分內向性的社會害羞

（introverted social shyness）和神經質的社會害羞（neurotic social shyness）之差別。內向性的社會害羞者喜歡獨處，但在社交情境中仍能表現有效的社交行為；而神經質的社會害羞者被自我意識所困，常感到寂寞、自卑，在社會互動中感到害怕，無法適切地表達自己（Crozier, 1986）。

二、Pilkonis 和 Zimbardo 的觀點

　　Pilkonis（1977a）以群集分析的方法將害羞分為兩種類型：公開型害羞（public shyness）和隱私型害羞（private shyness）。公開型害羞常伴隨笨拙的行為和社交上的失敗；而隱私型害羞則常有生理上之激起、主觀上的不舒服，以及對負面評價的恐懼。隱私型比公開型害羞者的社交行為表現得更好，他們學會如何隱藏焦慮，但對別人的負面評價仍存有恐懼感。Pilkonis（1977b）的研究發現，公開型害羞者的演說焦慮（speech anxiety）比隱私型害羞者更高，行為表現較差，且對自己的演說較不滿意；而相反地，隱私型害羞者則經驗到較少的演說焦慮，表現較為生動，對自己的演說比較滿意。Pilkonis解釋此現象，認為公開型害羞者將注意力放在本身不當行為表現的知覺上，因而分散了在演說上的專注；而隱私型害羞者則將注意力全部放在演說的表現上，因而減少了對自我意識和內在身心狀況的關切和注意。

　　Pilkonis 和 Zimbardo（1979）指出，對於公開型和隱私型害羞要給予不同的治療，公開型害羞者最大的問題在於行為上的

困難，因此，社會技巧訓練可以使其直接受益；而隱私型害羞者關注在自我的內在經驗，因此需要透過認知行為改變技術，改變他們過度的自我知覺和負向的自我評價，另外，也可以經由鬆弛訓練來降低生理的緊張與不適。

三、Buss 的觀點

Buss（1986）將害羞分成早期發展的害羞：害怕性害羞（fearful shyness），和後期發展的害羞：自我意識性害羞（self - conscious shyness），茲說明如下：

㈠害怕性害羞

通常開始於一歲到一歲半之間，有時也稱為陌生人焦慮（stranger anxiety）。這種反應主要發生在嬰兒面對不熟悉的人時，典型的反應是警戒（wariness）、退卻，並且在母親的手臂中尋找慰藉，更強烈的反應包括啼哭或害怕性的退縮。除了人類的嬰兒之外，大部分幼小的哺乳類也會產生害怕性害羞。隨著年齡的增長，這種害羞會有逐漸減弱的趨勢，但少數的孩童仍會持續這種害怕性害羞，他們較少表現哭泣和企圖逃跑等行為，而轉變以成人的害羞方式：語言和行為互動上的抑制來顯現。

至於引起害怕性害羞的直接原因有三：(1)社會新奇（social novelty）：即陌生人焦慮。(2)闖入（intrusiveness）：即使彼此已相當熟悉，但是，如果對方太靠近幼兒時，仍會引起驚嚇。相同的反應也會發生在較大兒童或成人身上，因為正如 Hall（引

自 Buss, 1986）所指出的，每個人都有個人的空間領域（personal spatial zone），不希望被大部分的人所侵入。這也可以指心理方面的現象，當他人坦露了過多的個人訊息，或要求相同的坦露時，大部分的兒童和成人會覺得過於親密，甚至感到威脅，而使得行為變得抑制，甚至設法從情境中逃離。(3)受限於社會評價：在社會上有很多標準用以評價個人的吸引力、友善性、社會技巧或服從性。因此，當個體成為社會評價的目標時，便會憂慮自己是否能符合社會標準，並且害怕負面的社會評價。這種現象只發生在較大的兒童和成人身上，因其已具有足夠的社會化訓練。

(二)自我意識性害羞

這種類型的害羞在兒童的認知自我概念形成之後（約六歲之後），此時，兒童逐漸知覺到自己是一個社會的標的（social object）。自我意識使個體覺得他正在被詳細地觀察，私人的行為變得公開化，因而產生了害羞。引起自我意識性害羞的直接原因有四：(1)公眾的自我知覺（public self-awareness）：成為被注意的焦點是引起自我意識性害羞的主要原因；(2)與眾不同：個體知覺到他的獨特性；(3)個人的隱私被侵犯：當個人的隱私或身體被暴露在眾人面前，或遭受嘲笑時，大部分的人會產生自我意識性的害羞，而變得極端困窘。隱私權被侵犯是兒童晚期產生自我意識性害羞的重要原因，而至青春期時達到顛峰；(4)正式的情境（formal situations）：乃是青少年階段自我意識性害羞的主要因素，此時期在公開場合與重要人物相處時，會敏

銳覺察到自己處於較低的地位，因而變得放不開或手足無措。與害怕性害羞相比較，自我意識性害羞有更多心理焦慮的認知症狀，如痛苦的自我意識和不安的自我專注（Buss, 1986）。

　　有些研究使用內省式的陳述來調查大學生害羞的問題，顯示了四點與Buss的概念有關的發現：(1)大約有 36%認為自己現在害羞的人在兒童的早期就感到害羞。(2)早期發展的害羞更具持續性，大約 75%在兒童早期就害羞的人，現在仍感到害羞，但只有大約 50%在兒童後期或青少年早期害羞的人，現在仍感到害羞。(3)早期發展的害羞者在進入青少年時，仍發展出害羞的認知症狀，所以，他們和後期發展的害羞不同，有較多的生理焦慮症狀，但是也具有某種程度的認知症狀。(4)早期發展的害羞症狀最多（Bruch, Giordano, & Pearl, 1986; Cheek, Carpentieri, Smith, Rierdan, & Koff, 1986）。由資料顯示，早期所發展的害羞對個體的影響較深遠，表現出更多的害羞之生理和認知的症狀，也對個體的適應造成更大的困擾。

　　Buss（1986）指出，害怕性害羞和自我意識性害羞的起因是不同的，引起害怕性害羞的來源可能有三：(1)兒童時期對害怕的過度制約，使得個體很容易把被傷害或威脅與陌生人及偶然碰上的熟人相連結；(2)孩子本身具有較高的害怕性氣質，容易受驚嚇，這種特質與遺傳有關；(3)孩子經常被孤立、疏離於人群，很少機會遇到陌生人，以至於無法習慣不熟悉的社會情境。而引起自我意識性害羞的來源則有所不同，主要的原因可能有三：(1)父母親對於社會我（social self）的重要性給予兒童過度的社會化訓練，不斷提醒孩子，別人是如何在審視他們，

適當的外貌和舉止有多麼重要，因而使得兒童在社會情境中，容易感到引人注目和敏感。(2)兒童沒有發展出適當的社會技巧，因而無法去對抗引人注目、與眾不同或正式的場合，不過缺乏社會技巧也可能是引起害怕性害羞的原因。(3)孩子本身具有較高的公眾自我意識（public self-consciousness）的特質。針對上述兩者的差異，Buss（1986）認為要給予不同的治療方法，對於害怕性害羞者宜施以系統減敏感法，逐步引導其習慣於具威脅性的社會情境；而自我意識性害羞則要降低他們的公眾自我意識，使其將注意力由自己轉移到別人身上，並且讓他們了解，別人並不像他們所想像的那樣，無時無刻地注意著他們的一舉一動。

　　Buss 這種早期－後期發展的區別，顯示了個體從嬰兒到五歲時的害羞具有一致性，而在兒童期的中間階段有較大的變異，到了青少年和成人時又逐漸趨於穩定。雖然尚未有長期的資料來考驗 Buss 的理論，但 Cheek 和 Melchior（1990）對一些已有的研究之解釋，大都支持這種預期。雖然害羞的根源已經推至個人特性的遺傳和幼時經驗（Plomin & Daniels, 1986），但是不良的認知歷程才是個體持續害羞的重要因素，有關害羞者的認知傾向將在第四章進行探討。

第三節　與害羞有關的其他構念

一、害羞和社會焦慮

　　Buss（1980, p.204）認為，廣義的社會焦慮（social anxiety）是指個體在他人面前所感到的不適，而狹義的社會焦慮則指被他人所詳細審視、評論，或者只是因為他人在場而感到煩惱或困擾。Buss 指出，社會焦慮包含困窘（embarrassment）、羞愧（shame）、害羞（shyness）和觀眾焦慮（audience anxiety）四種情緒反應。而 Leary（1983）則認為社會焦慮是在真實的或想像的社會情境中，由於人際的評價（interpersonal evaluation）或對其預期（prospect）所產生的焦慮。依 Leary 的看法，社會焦慮涵蓋在社會情境中所引起的各項焦慮反應，包括溝通恐懼（communication apprehension）、約會焦慮（dating anxiety）、害羞、舞台恐懼（stage fright）、困窘等等。由此可見，Buss 和 Leary 都認為害羞是社會焦慮的部分建構（construct）。

　　雖然研究發現害羞和社會焦慮之間存在著某種相關（Crozier, 1979; Leary, 1983），然而，事實上並沒有明確的證據顯示害羞就是社會焦慮。Leary（1986）指出，害羞包括主觀的社會焦慮和行為上的抑制，因此，兩者並不是同義字。Morris（1983）透過因素分析發現，害羞和社交上的抑制行為（或膽怯）之關聯，

比和互動焦慮（interaction anxiety）、觀眾焦慮（audience anxiety）要更高，因此，對於害羞和互動焦慮、觀眾焦慮之關係要採謹慎保留的態度。Morris（1983）建議，宜使用害羞去指那些在社交上抑制或膽怯者，而不是那些只是感到社會焦慮而稱呼自己是害羞的人。害羞的症狀包含生理、認知、情緒及行為等成分，社會焦慮無法完全包含害羞的概念，正如 Leary 和 Schlenker（1981）所言，害羞應該以社會焦慮的經驗和生理及行為上的症狀來加以分析。對某些人而言，社會焦慮和害羞有高相關，然而，對其他人而言，可能只有些微的關係存在（Leary, 1983）。

二、害羞和社交性（sociability）

社交性是指喜歡與他人結交和互動，而不願獨處的一種傾向，最近的理論觀點（Briggs, 1985; Buss, 1980; Cheek, Melchior, & Carpentieri, 1986）和實徵研究（Briggs, 1988; Bruch, Gorsky, Collins, & Berger, 1989; Cheek & Buss, 1981; Jones, Briggs, & Smith, 1986; Page, 1990）指出，害羞和低社交性（low sociability）有關，但兩者是不同的心理建構，其相關大約介於-.30 至-.47 之間。Cheek 和 Melchior（1990）認為害羞者本身對社交的抑制並不是自願的，而是害羞的不愉快經驗降低了他們從事社交活動的興趣。研究指出，對一位既害羞而又具社交性傾向的人而言，他本身所經驗到的趨避衝突最大，在社會互動中產生了最大的困難，因此，具有最嚴重的適應問題（Briggs, 1988; Cheek & Buss,

1981）。

　　害羞包含在他人面前的痛苦經驗和社交互動中缺乏泰然自若的神情，而不只是沒有興趣與他人進行社交活動（Bruch et al., 1989），害羞的反面意義是社交上的自信，而不是外向或社交性（Cheek & Briggs, 1990）。

三、害羞和內向（introversion）

　　內向係指不善於社交活動的性格。具有內向性格者，在社會行為方面多表現沈默寡言；遇到問題喜歡自己思考，不願與別人共商（張春興，民 78，p.348）。雖然害羞具有內向的特性——沈默、喜好自己的友伴（Crozier, 1979），但內向的人不一定會感到害羞，兩者是不同的概念，不能被混淆，害羞包含了社會焦慮的成分，但內向不一定含有社會焦慮的特質（Leary & Schlenker, 1981），因此，兩者是可以區別的建構（Briggs, 1988）。

四、害羞和羞愧（shame）

　　羞愧和害羞一樣，經常伴隨著與自我有關的想法，自我警覺（self-awareness）和自我知覺（self-perceptions）隨時支配著意識，因而干擾並妨礙了正常的認知歷程，使得個體知覺到自我的無助、愚蠢，以及情緒上的傷害（Izard & Hyson, 1986）。Buss（1980, pp.210-213）指出害羞和羞愧有以下幾方面的差異：

⑴害羞是由新奇或引人注目的經驗所引起;而羞愧則是由被他人所揭露或自我揭露而造成的。⑵害羞比羞愧更具有焦慮的特性。⑶害羞比羞愧更具未來導向,指那些即將發生,而不是過去的事。⑷羞愧比害羞更具副交感的生理反應(如臉紅)。Mosher和White(1981)的研究發現,羞愧比害羞更具罪惡、悲傷、生氣、厭惡、輕視的情緒反應,顯示羞愧的反應比害羞更不快樂。

五、害羞和困窘(embarrassment)

困窘一般是指瞬間懊惱的一種厭惡狀態,它包含下面三種主題(themes):⑴它是一種情緒的激起狀態;⑵個體感受到暴露和引人注目的知覺,敏銳地知覺到個人的行為可能正在被評價。⑶個人能力不足或慚愧的一種結果感受,就好像自己已經無法適切地表現自己(Miller, 1986)。Leary(1982)認為害羞是來自於個人預期自己將不能滿意地管理其面子問題的不舒適;而困窘則是指個人丟面子之後所感受到的不適。害羞是指個體害怕即將被辱罵(blow);而困窘則是指個體已經歷過被辱罵的感受了。

六、害羞和溝通恐懼
(communication apprehersion; CA)

溝通恐懼是指個體對真實或預期的溝通所產生的害怕或焦

慮（McCroskey & Beatty, 1986）。溝通恐懼和害羞的關係，依學者對害羞建構之界定而有所不同。Zimbardo（1977a）認為害羞是在各種溝通情境中不舒服的感覺，並就特質或情境來區分害羞。由此觀點顯示，溝通恐懼和害羞極為類似。Pilkonis（1977a）則視害羞為逃避他人的傾向（與不願意溝通，負向的語言行為傾向相近），不能夠對他人做出適切的反應（與沈默類似），以及與他人互動的緊張焦慮感（與溝通恐懼相近），依此看法，溝通恐懼則屬於害羞的部分建構（McCroskey, 1981）。McCroskey和 Richmond（1982）指出，溝通恐懼乃是來自於單一的原因，即害怕或焦慮；而害羞的原因則可能是社會焦慮、社交技巧的不足（不知要如何表現）或是低度的自尊（預期在社交情境中失敗）。因此，兩者是有所差別的。

　　McCroskey 和 Beatty（1986）認為，溝通恐懼是一種主觀的情感性經驗；而害羞則是一種可能來自於溝通恐懼或其他因素的行為傾向。McCroskey 和 Richmond（1982）的研究指出，害羞和溝通恐懼的相關介於.57 至.63 之間，顯示除了溝通恐懼之外，還有其他造成個體害羞的因素。

七、害羞和觀眾焦慮（audience anxiety）

　　觀眾焦慮是指在對一群人的溝通情境下，所產生的害怕或焦慮。依此觀點，觀眾焦慮和舞台恐懼（stage fright）極為相似，但一般學者將會議等互動機會較大的情境，歸諸觀眾焦慮，而將公開演說等屬於單向溝通的情境，歸為舞台恐懼（王政彥，

民 78）。引起害羞的情境不一定是正式的場合，害羞者在遇見新朋友或陌生人，甚至是在非正式的舞台上，都會感到緊張、笨拙和自我意識。Crozier（1979）更指出，害羞者在任何情境都有可能會感到害羞，因為個體在任何時間或地點，都有可能成為注意的焦點，或者被迫去表明自己的意見或看法。由此可見，觀眾焦慮可能只是引起個體害羞的因素之一。

第四章

害羞者的認知

第一節　害羞者的認知傾向

Zimbardo（1982）在對害羞進行多年研究之後指出，害羞的核心乃是個體擔憂被他人拒絕的不安全感，以及對失去認同的基本焦慮。這種焦慮是個人無法接受自己是一個有價值、有能力、能自我管理和自主的個體之原因和結果。這種核心的焦慮伴隨著三種基本的害怕：(1)害怕表現社交上不適切的行為，而顯示了自己與他人的差異；(2)害怕失敗，而使得自己的無能被揭露；(3)害怕親密的關係，因為親密關係須將個人真實的內在自我公開，有被批評之虞。Zimbardo 認為這種自我參照的認知活動，使得個體將引起害羞的原因視為自己人格上的因素，而不是因為情境所造成，因此，「認知傾向」才是造成個體將害羞認定為是自己性情的重要因素。

Crozier（1979, 1982）認為害羞者的明確特質，是他們傾向於花很多時間在監控自己的感覺和行為上，而且憂慮他們給別人的印象，因而變得非常不安，全神專注在自己身上。對於Crozier 的觀點，一些實驗性研究已提供了實徵上的支持（Arnold & Cheek, 1986; Smith, Ingram, & Brehm, 1983; 梁瑞珊，民 87）。害羞者沒有經驗到自我價值的得意感，相反的，他們預期自己的社交能力不足，別人將給予負面的評價（Halford & Foddy, 1982; Jackson, 1993; Lake & Arkin, 1983; Leary, Kowalski, & Campbell, 1988; Smith & Sarason, 1975; Spencer, 1992; Teglasi & Hoffman,

1982），不僅對他人的回饋抱持著負面的評價，甚至於懷疑和抗拒正向評價的正確性（Alden, 1987; Asendorpf, 1987; Franzoi, 1983）。害羞者對自我的評價比別人的判斷要更負面（Bruch, Gorsky, Collins, & Berger, 1989; Christian et al., 1982; Clark & Arkowitz, 1975; Jones & Briggs, 1986），這種負面的偏見顯示，害羞者和因果歸因中的自利偏見（the self-serving bias in causal attribution；即個體會將成功歸於自己，而將失敗歸因於外在因素）反其道而行，他們將社交的失敗而非成功歸之於個人的責任（Alden, 1987; Arkin, Appelman, & Burger, 1980; Christian et al., 1982; Teglasi & Hoffman, 1982），而對有關自己的負面訊息則有深刻的記憶（Breck & Smith, 1983; O'Banion & Arkowitz, 1977），女性的這些認知傾向要比男性更強（Cheek et al., 1986）。

第二節　害羞者的後設認知

　　雖然有時害羞者所顯示的症狀不同，但他們在心理運作上的後設認知層次有很大的共同性（Cheek & Briggs, 1990）。後設認知乃是較高層次的認知歷程，指個體對自己現在心理狀態或外在行為的知覺（Flavell, 1979）。Cheek 和 Melchior（1990）提出十點害羞者在面對引起害羞的情境時，其內心的認知及後設認知的傾向，茲將其列於表 4-1。

表 4-1　害羞者面對害羞情境的認知和後設認知傾向

1. 知覺到社會互動將被他人所評價。
2. 預期到他們的行為表現會不好，別人將給予負面的評價。
3. 對於「他們的社交行為要達到什麼程度」，以及「他們應該從他人身上獲得多少贊許」抱持著不合理的信念。
4. 心裡一直想著「這個情境要我扮演誰？」，而不是「我在這個情境要如何表現自己」。
5. 在社交情境中，採用一種試著「逃離」（get along），而不是想要嘗試追求「成功」（get ahead）的策略。
6. 在社交情境中會顯得不安，將注意力放在自己身上，因而無法適切地與他人互動。
7. 對自己的評價比他人所給予的要更負面。
8. 將社交的失敗歸因於自己，而將成功歸因於外在的因素。
9. 接受負面的回饋，而抗拒或拒絕正向的回饋。
10. 記得與自我有關的負面訊息和經驗。

（引自 Cheek & Melchior, 1990, p.68）

　　後設認知的現象包括知覺上的認知或伴隨的情緒經驗，以及有關於認知上的計畫（Flavell, 1979），Flavell 指出：後設認知特別容易發生在新奇的角色和不熟悉的情境中，但這種情緒的激起會干擾後設認知的效率。對害羞者而言，這意味著，預期或進入引起害羞的情境將會引起後設認知的歷程，然而，害羞所引起的緊張和憂慮之症狀，也將破壞後設認知的效果。Cappella 在一九八五年指出，害羞的人因為在社交情境中經驗了過度的認知負荷，所以，在互動時顯示了很多被動的行為（如手勢、目光游移，或沈默不語等）（引自 Melchior, 1990）。這種

後設認知功能的損傷導致個體在控制知覺、認知和動作表現時產生紊亂。Hartman（1986）認為害羞者全神貫注於後設認知，內心充滿著對生理的激起、互動中的行為表現，以及別人對他們的負面評價之想法。過度自我專注的後設認知，不僅破壞了社交的互動，也使得害羞者過分相信別人可以看見他們的緊張焦慮，因而低估了自己的社交技巧，更無法正確地判斷別人對他的評價（Cheek & Melchior,1990; Jones & Briggs, 1984），而這種不安的自我專注會影響社交行為的表現。

　　害羞者這種與自我有關的社會認知之後設認知歷程，被稱之為後設的自我知覺（meta-self-consciousness）（Melchior, 1990），意指個體對自己成為害羞者的想法，思緒主要是放在害羞的症狀之上，覺知到自己的自我意識，並且全神貫注在身上的焦慮與不安。圖 4-1 即是害羞經驗中的自我知覺。

　　由圖 4-1 可知，害羞者在害羞經驗中所顯現的後設自我知覺，包括生理、認知及行為三方面。(1)生理上：覺知胃部的不適，希望自己快速的心跳能緩慢下來，而所表現的成分為：臉紅、心跳加速、出汗、反胃和緊張等症狀。(2)認知上：感到自己對自我印象的憂慮，以及能力不足感的困擾，所顯示的成分為：痛苦的自我意識、自我退縮及對負面評價的擔心。(3)行為上：知覺到自己不知道要說什麼，以及手足無措的驚慌，所呈現的成分為沈默、目光游移、行為笨拙等症狀。此模式將害羞視為一種整體的心理建構，害羞的症狀成分雖然可以引起個體的後設認知，但是後設認知的知覺也可能強化了害羞症狀成分的顯現，而每個人所經驗到的害羞症狀成分也具有變異性，有

些人經驗較多的生理症狀，有的則是認知成分或者是外顯的行
為表現。

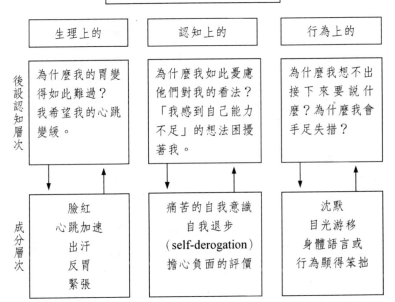

（引自 Melchior, 1990, p.61）

圖 4-1　害羞經驗中的後設自我知覺

　　這種害羞的後設自我知覺並不常見，它最主要是發生在引起害羞的互動情境之中。對非害羞的人而言，社交行為是一種習慣性的策略，而不受限於不斷的知覺監控，除非當他們置身在戲劇性的非預期之社交情境（a dramatic social encounter），如工作晤談、第一次約會或社會心理學的實驗，即使是一個非常害羞的人，他所表現的行為抑制也可能只是一種習慣的社交策略。因此，「後設的自我知覺」只有在害羞者置身於不可逃避的苦惱性人際溝通之中，才會被自己明顯地知覺到（Melchior, 1990）。

　　雖然有這些限制，但害羞的後設認知模式有助於說明，性情性害羞和非性情性害羞者之間的差異。Crozier（1982）指出：對性情性害羞的成功解釋，必須能夠說明已被害羞文獻所發現的兩點共識：(1)害羞和非害羞的人對引起害羞的情境之次序有相同的看法。(2)幾乎所有不認為他們自己是害羞的人，仍然在一些情境之中經驗過害羞的症狀。對引起害羞的情境之順序有相同的看法，並不意味著害羞和非害羞的人以相同的方式來知覺每一個情境。而那些在很多情境中經驗到害羞卻不認為自己害羞的人，Zimbardo（1975）認為他們將原因歸諸情境，所以，這些害羞者不會自認害羞，卻歸因於自己，甚至責備自己。已有很多研究支持了 Zimbardo 的這種看法（Cheek et al. 1986）。

　　Ishiyama（1984）提出害羞經驗的兩個階段之區別：第一階段──大部分人在困難的非預期之人際情境（interpersonal encounters）中，所經驗到的正常之社會焦慮。第二階段──只發生在害羞者身上的不良認知歷程，如因社交失敗而產生因果關

係的自我責備之性情歸因。所以,害羞和非害羞者之間不只是量上的不同——害羞症狀的次數和強度,也是質上的差異——這些症狀如何被認知或解釋(Cheek & Melchior, 1990)。

第三節 害羞者的自我表現方式

一、前言

自我表現(self-presentation)乃是指個體藉著留給別人的好印象,以便建立一種認同的過程(Snyder, 1977)。通常人們偏愛以社會所認可的方式來表現自己,以便得到他人的讚賞,維持彼此的互動,進而增加自己的社會支持網絡,但是,害羞者卻未遵守這種原則。

所有的人際關係都存在著失敗、困窘或是被拒絕的可能性,而每個人對這種冒險的反應並不相同,Arkin(1981)依此差異將自我表現分成兩種,即獲得性的自我表現(acquisitive self-presentation)和保護性的自我表現(protective self-presentation)。獲得性的自我表現者會趨近和擁抱這種社會冒險,他們將自我的表現視為一種挑戰,藉著表現最好的自我形象來達到自己的目的;而保護性的自我表現者則只想創造出一個安全的社交情境,避免做人際上的冒險,亦即,獲得性自我表現乃是盡力去符合社會贊許;而保護性自我表現形態乃是盡量去避免社會的

責難（不被贊許）。在人際互動中，害羞者往往很在意別人的評價，因此，當他們很想要給別人留下好印象，卻感到自己能力不足時，便會產生社會焦慮（Miller, 1983）。而害羞者本身對自己的自我懷疑和低自信心，使得他們經常擔心自己無法得到他人的贊許（Arkin, Lake, & Baumgardner, 1986），因此，在人際互動中，害羞者往往是採用一種保護性的自我表現方式，在社會互動中很小心謹慎，不努力去爭取別人的讚賞，只是盡量讓自己免於被別人所指責。Williams（1982）指出，害羞者傾向於服從多數人的意見，會改變自己的態度以遵從權威者的觀念，並且避免在人際互動中揭露太多有關自己的訊息。總之，害羞者的人際互動方式，乃是採取一種謹慎、保守的社交態度，藉以確保社交情境的安全性，避免做出人際上的冒險。

二、害羞者的保護性自我表現模式

Schlenker和Leary（1982）認為，社會焦慮乃是源自於個體想要在別人面前留下一種特定的印象，可是卻又懷疑自己能力不足。他們認為當個體在下列情況下，會感到人際關係非常沒有安全感，因而感受到社會焦慮：⑴想要在別人面前留下某種印象，但又不確定要如何去做。⑵覺得自己沒有能力去表現出所想要塑造的形象。⑶感到某些事件即將會引起困窘，因而破壞了自己的形象。當個體處在這些情境之下，便必須要對情境進行評估，以了解是否能塑造出所預期的自我形象。

Schlenker和Leary（1982）所提出的自我表現模式，其歷程

如圖 4-2。

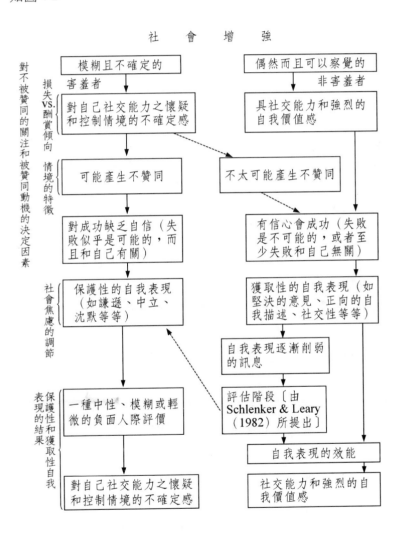

圖 4-2　害羞和自我表現的模式（引自 Arkin et al.,1986, p.198）

　　由圖 4-2 可知，害羞者常為避免社會的責難或者害怕發生失敗，採取保護性的自我表現方式（protective self-presentation style），以調節自我的社會焦慮感（如，在社交互動中退縮不前，採用中立而溫和的態度或沈默……等等），只有害羞者處在有自信絕對能夠成功的情境中，他才有可能採用獲得性的自我表現方式（acquisitive self-presentation style）（如表現堅決的意見、正向的自我描述或具社交性……等等），因此害羞者幾乎沒有機會了解到自己真正的價值，因而產生自我懷疑，也破壞了他們在別人心目中的印象（Arkin et al., 1986）。Schlenker和 Leary（1982）指出，當自我表現的結果對個體很重要，而且某些現象顯示：社交表現可能會搞砸時，個體便會進行自我評估。如果評估的結果顯示：可以成功地完成所想要塑造的印象，那麼個體便能肯定他先前的表現；然而，如果評估的結果顯示：無法塑造出想要的印象，那麼個體很可能會從社交情境中退縮，採取一種謹慎、無害的或曖昧不明的自我表現方式。害羞者在人際互動中經常做上述的評估，因此，從最初的人際關係便選擇保護性自我表現的風格，因為害羞者認為自己很容易會被別人所指責，因此，將社會焦慮維持在可控制的範圍之內，對他們來講是最重要的，而保護性的自我表現便是害羞者用以降低社會焦慮的方法。

　　對害羞者而言，不能獲得他人贊許是一種很糟的經驗，因為不被他人贊許將會產生一種對自我價值不確定的感覺，減少個人對自我效能的感受（Bandura, 1977）。他們藉著保護性的自我表現，即避免不被贊同的安全策略（而非尋求贊同），個

人可以避免讓這種自我的懷疑變成無能的表現，暫時讓自己保有脆弱的自我價值感。

　　害羞者這種保護性自我表現，雖然可以避免不被他人所贊許，但也無法獲得有價值的社會訊息，甚至會產生不良的循環；即個體為了保護自己，以免在社交情境中被他人發現自己能力的不足，會盡量避免在社交互動中表現自己，以至於無法在人際互動中找到自我的價值。

　　（本文摘述自筆者原發表於「輔導季刊」第三十四卷第四期之文章）

第四節　害羞者的自我設障策略

一、自我設障策略（self-handicapping strategy）

　　在日常生活中，別人往往是從我們的行為表現來判斷我們是怎樣的一個人，因此，人們往往會使用各種策略來提升自己，藉以傳遞對他們有利的正面訊息，然而，令人訝異的是，人們有時也會做一些阻礙自己有效行為表現的事情，例如：大學生經常在考試前一天熬夜或開舞會，有時他們會遺失筆記本，或者忘了要好好照顧自己而讓自己生病（Worchel, Cooper, & Goethals, 1991, p.113）。

　　自我設障（self-handicapping）的概念乃是由Jones和Berglas

（1978）所提出，它被定義為個體在評量情境之下，由自我所引起的一種對行為表現的阻礙。自我設障乃是個體對可能產生的不良行為表現提出藉口，藉以控制並外在化與失敗有關的因果歸因，可以視為一種自我表現的策略（self-presentational stra-tegy），個體會提出一些障礙，以便為個人的失敗提供藉口（Jones & Berglas, 1978）。如果我們是因為此障礙的存在而失敗的話，比較不會被他人歸因於能力不足。例如：學生在參加舞會之後考試的成績低落，則他們便可以將不好的成績怪罪於事前未做充分的準備，而不是個人的能力不好。

　　Berglas 和 Jones（1978）的研究探討藥物對行為表現的影響，藉以考驗自我設障的情況是否存在。研究中有一種藥物會使個體受到干擾而降低行為的表現，而另一種藥物則會提高個體的行為表現。在選擇藥物之前，受試者都先接受一種智力測驗，第一組的測驗題目很簡單，受試者被告知他們表現得很好；而第二組則給予不可能解決的問題，但也告訴受試者他們做得很好。這種操控使得第一組的受試者感到他們表現得很好，而且對未來的成功很有信心；而第二組的受試者雖然也接收到自己做得很好的回饋，但是，他們並不知道為什麼會這樣，因此，對未來是否能表現得很好並沒有信心，因為他們感到情境並沒有在自己的控制之中。

　　接收到回饋之後，讓受試者在參加另一個相同的智力測驗之前，可以自由選擇要使用哪一種藥物。結果正如研究者所預期的一樣，那些感到無法控制情境的受試者選擇會降低行為表現的藥物，亦即，他們設法為自己設障，而那些較具信心的受

試者，則選擇了可以提升行為表現的藥物。此研究的假設獲得
支持，亦即當人們對於自己的能力不確定時，他們可能會為自
己設定障礙，藉以避免因為未來可能的失敗而遭受到譴責。

　　自我設障的主要表現方式有兩種，比較極端的形態是，個
體會創造一些困難，以降低他們成功的機率。所以當他們一旦
失敗時，就可以將過失歸罪在這些障礙上，而不是自己缺乏能
力。個體常用的障礙物包括藥物、酒、對工作的努力不足，以
及無法參加某種重要的練習等。第二種方式比較不會那麼極端，
個體不會事先運用障礙物，但是會事前想出一些理由來解釋可
能的失敗。因此，我們不會在重要考試前，開整晚的夜車，但
會抱怨我們生病了。人們會用各種理由來武裝自己，包括抱怨
自己的害羞、考試恐慌症、心情不好、身體狀況不佳等等（李
茂興、余伯泉譯，民84，p.271）。

　　自我設障在下列情況中最可能發生：當人們感覺到他們的
行為表現很重要，而且沒有更明顯的藉口可以說明為何自己的
行為表現不佳時（Worchel, Cooper, & Goethals, 1991, p.113）。實
徵研究結果已證實自我設障策略的存在：人們採用自我缺陷的
阻礙，以便將可能的失敗歸因於外在因素。Smith、Snyder 與
Handelsman（1982）的研究發現，高測試焦慮的人如果處在焦
慮可以成為自己行為表現不好的藉口時，比處在焦慮無法為其
行為作解釋，或在評量情境之下所出現的焦慮徵候要更高；而
低測試焦慮者則不會表現這種防衛性的症狀形態。Smith、Snyder
與 Perkins（1983）的研究顯示，患有憂鬱症的人，當處在不良
的健康可以對自己不良行為提供權宜解釋的情境中，會比處在

不良的健康無法對其行為作解釋的評量情境或非評量的情境中，要表現出更多的生理症狀和生理疾病；而非憂鬱症的人並沒有顯示出此種防衛的症狀形態。另外，DeGree 與 Snyder（1985）的研究也發現，當個體處在一種不確定的評量情境中，而其生活的創傷事件（如與死亡有關的訊息、生病、意外等等）可以為可能的失敗提供適切的藉口時，個人會特別強調所經驗到的生活事件之災難和經驗，亦即個體會將生活中的創傷事件作為自我設障的一種策略。

　　個體的社會行為受兩個主要因素所影響──即外在環境和個人的人格特性。哪一種人比較會使用自我設障呢？(1)性別上的差異：研究顯示男生比女生更會自我設障（Berglas & Jones, 1978）。可能的解釋乃是男生比女生更傾向於能力上的歸因，所以會藉由自我設障來避免個人的失敗被視為能力上的不足，如果他們預期自己會失敗，那麼他們會給自己和他人一種與其能力沒有關聯的藉口（Sheppard & Arkin, 1989）。(2)高公眾自我意識者（public-consciousness）：高公眾自我意識者關心自己給別人的印象，以及別人如何看待他（Sheppard & Arkin, 1989），因此，較易採用自我設障的策略。

二、害羞和自我設障之間的關聯

　　人們往往希望能在他人面前塑造出良好的印象，但是，當個體質疑他們是否有足夠的能力來達成此一任務時，便會產生一種焦慮的狀態。在這種焦慮狀態下，個人一方面希望能做好

印象管理，一方面卻又懷疑自己達成目標的能力。Schlenker 和
Leary（1982）、Leary（1983）認為，此時個體面對一種強烈的
自我評定，因而導致焦慮狀態的產生。當個體想創造好印象的
動機愈強，而且對個人達成任務的不確定感愈高時，社會焦慮
的壓力也會相對提高（Leary, 1983）。當害羞者感到害怕和抑制
時，可能會拿害羞當作一種藉口（Schlenker & Leary, 1982; Snyder
& Smith, 1982）。

　　個人為自己貼上害羞的標籤，在最初可能看似愚蠢，因為
害羞一般被視為是社交上不好的特性，那些想要表現良好社會
印象的人，比較不會說自己害羞。但是，當害羞者處在焦慮性
的社交情境時，它卻成為一種有利的選擇，因為被認為害羞總
比被貼上不聰明、不具吸引力……等等名詞要好得多，所以，
害羞常被人們用來當作自我設障的策略，亦即害羞經常被視為
逃避壓力性社交偶遇的合理化理由。

　　Snyder 等人（1985）研究害羞者在害羞可以對不良行為提
供一種解釋的評量情境中，將比害羞無法成為藉口的評量情境
和非評量情境（因為當威脅不存在，自我設障便不需要），要
表現出更多的害羞症狀。研究結果發現，高社會焦慮的男性受
試者在自我設障的狀態時，比其他兩種情境出現更多的害羞徵
候，不過對女性而言，則無顯著差異存在。研究結果支持部分
的假設，亦即，對男性而言，害羞可以提供一種自我保護的策
略功能。至於男女的不同結果，有可能是害羞功能在性別上的
不同所造成的。

　　Pilkonis（1977）認為害羞的男性在面對社會評量威脅時，

會變得更想逃避和退縮；而害羞的女性則是顯示被動的愉悅表情（如微笑、點頭……等等）。也許男女生運用害羞當作自我設障策略的方式並不同，害羞的男性比較敏銳於評量的社會情境可能會有負面的回饋，當他們退縮和逃避的反應受到阻礙時，可能會採用自我設障的策略；而女性害羞者則以被動的方式來反應此情境（Pilkonis, 1977）。個體的性別角色可能影響其對威脅的知覺，而連帶地影響到自我設障策略的運用，至於真正的原因，則有待更進一步的探討。

　　由以上的分析顯示，害羞不只是個人的問題，有時，它也是一種解決問題的方式，提供個體在社交困境時一種合理化的藉口。自我設障策略有時可能可以有效地協助個人處理因失敗威脅而來的焦慮，避免失敗被歸因為個人的能力不足，然而，它也可能會導致個體逃避的行為，甚至讓個體懷疑自己本身的能力。

　　（本文摘述自筆者原發表於「諮商與輔導」第一六一期之文章）

第五章

害羞的測量

第一節　害羞測量的方法

Briggs 和 Smith（1986）依據 Fiske 在一九七一年所提出的心理測量分類，將害羞的測量方法分成六類，茲分述如下：

一、目前的經驗（current experiencing）

要求受試者指出其偏好及描述目前的感受，這種測量重在測量當前的情境或狀態，而不是一種持久的特質。測量工具有「情緒差異量表」（Differential Emotions Scale）及「史丹福害羞調查表」（Stanford Shyness Survey）。

二、能力測驗（capabilities）

此法在評量受試者的社交技巧和社交知識，可用下列兩種基本方法來評定：(1)將個人的行為與某些標準的技巧相比較；(2)測量個人認為要如何表現適當的行為和反應的知識。然而要將有關的社交能力、知識加以數量化及特殊化有其困難，所以此法不常被應用在害羞的研究上。

三、先前的行為（prior behavior）

　　透過受試者的關係人（如朋友、同事、教師或上司）來評定其先前的行為表現，但此法較為主觀，無法獲得客觀的評定，評量的工具如形容詞檢核表（adjective check list）及害羞情境測量（shyness situations measure）。

四、行為的觀察（observation of behavior）

　　由受過訓練的觀察員在標準情境中觀察並記錄受試者的行為，或者以錄影的方式將受試者的行為錄影下來，然後再加以分析、評定。分析的方法有兩種：(1)運用觀察員的判斷能力、記錄過程，以及其他的資料加以分析；(2)由觀察員記錄受試者點頭、微笑、說話的時間長短以及說話的次數，作為評量的依據。不過此法也有其缺點，如在某一段時間、特定情境中所觀察到的行為，並不一定能代表受試者整體的行為傾向。

五、心理生理法（psychophysiology）

　　Izard 和 Hyson（1986）主張害羞是一種情緒的向度，其中包含三個基本成分：神經生理、動作表現和主觀經驗，因此要將情感、行為的特質及生理因素一併考慮，才得以了解害羞。Izard 和 Hyson 認為心跳的速率、腦波和害羞有相關存在，然而

Briggs 和 Smith（1986）指出，根據以往的研究，受試者自陳的害羞或社會焦慮分數與生理上的因素，並非都具有直接的關係。此種方法是以心跳速率、腦波儀（electroencephalography, EEG）、肌電儀（electromyography, EMG）等方法測量害羞。

六、自陳測量法（self-descriptive measure）

由受試者在問卷或量表上作答，然後再根據測驗的結果評定受試者的害羞程度。常用的問卷或量表有：「社交逃避與苦惱量表」（Social Avoidance and Distress）、「史丹福害羞調查表」（Stanford Shyness Survey）、「害羞量表」（Shyness Scale）、「社交沈默量表」（Social Reticence）等等。

第二節　測量害羞的自陳量表

近幾年來陸續發展了一些測量害羞的工具，但因為研究者對害羞的定義有所不同，因此，各量表所強調的概念也有所差異，茲將其介紹於後：

一、社交逃避和苦惱量表
（Social Avoidance and Distress Scale, SAD）

為「社會評量焦慮量表」（Social-Evaluative Anxiety Scale）

的分量表，通常和「害怕負面評價量表」（Fear of Negative Evalu-
ation Scale, FNE）一起使用（Watson & Friend, 1969）。社交逃避
是指為了某些理由逃避和他人相處、交談，或者甚至逃離，實
際的逃避行為或者逃避的欲望都包括在內，反例為缺乏逃避動
機，而不是與他人親密的欲望。而社交苦惱，指的是在社會互
動時的負面情緒經驗，如感到煩悶、痛苦、緊張或不安，反例
為缺乏不快樂的情緒，而不是某一正向情緒的呈現。本量表包
括二十八題是非題，大約可將題目分成兩大題：社交趨避（social
approach-avoidance）和社會焦慮（social anxiety）（Patterson &
Strauss, 1972）。得分愈高者，愈傾向逃避社交互動，喜歡獨自
工作，較少講話，更容易擔憂社會關係，且對自己更缺乏自信
（Watson & Friend, 1969）。Briggs 和 Smith（1986）指出，SAD
常被用來作為評量害羞程度的工具。

二、史丹福害羞調查表（Stanford Shyness Survey）

此調查表被廣泛引用，不過，它並不是一種量表。該調查
表之結構依Zimbardo（1977a）對害羞的建構而設計，內容包含
四十四個問題，依照問題的性質大致上可歸為以下幾類：(1)自
我標籤（self-labeling）；(2)歸因（causal attribution）；(3)他人知
覺（other's perception）；(4)情境或人際的誘因（situational and in-
terpersonal elicitors）；(5)生理、認知／情感和行為反應（physical,
cognitive/affective, and behavioral reaction）；(6)正負面的結果
（positive and negative consequences）。整個調查表無法求得總

分，而且各部分的作答方式也不相同。

三、Morris 的害羞量表（Shyness Scale）

此量表為 Morris 所編，一共有十四項題目，目的在測量別人在場時，個人所感受到的不自在感，包括與害羞有直接或間接關係的感覺和行為。與害羞有間接關係的題目，很顯然是用以測量個體的寂寞、自尊和觀眾焦慮。該量表對害羞的界定太過鬆散，不夠嚴謹（Briggs & Smith, 1986）。

四、社交沈默量表（Social Reticence Scale, SRS）

Jones 和 Russell（1982）根據 Zimbardo（1977b）所提出與害羞有關的七個問題，編製了「社交沈默量表」。七個問題包括：(1)社交上的問題：不易與人相識、結交新朋友、享受新的或不同的經驗；(2)負面的情緒：如焦慮、沮喪和寂寞；(3)不能自我肯定，表達自己的意見；(4)過度的沈默，以致使他人無法認識其真正的特質與才華；(5)不良的自我投射，給他人一種不友善、勢利眼的印象；(6)在他人面前，尤其是陌生人或團體之前，有溝通及思考上的困難；(7)過度的自我意識，在意自己的一舉一動。每一個領域有三個題目，外加一題效標題（基本上，我是一個害羞的人），一共有二十二道題目，經由因素分析發現此量表可以簡化為四個因素，分別為(1)與他人會面及交友的困難和不良的自我投射；(2)溝通上的問題；(3)自我意識和負面情緒；

(4)與他人的疏離感（Jones & Russell, 1982）。

　　Jones、Briggs 和 Smith（1986）將 SRS 加以修訂，原因有二：(1)所有題目都是正向題，易引起受試者習慣性反應；(2)各種項目分析顯示，有三個題目不甚理想，無法歸屬於哪一個因素，其中兩題與總分之相關不高，而且重測相關也不理想。因此，Jones、Briggs 和 Smith 將上述三道題目刪除，重新加入兩道題目，把半數的題目改為反向題，並改進一些題目的遣詞用字，使題目更具同質性。最後，修訂過的 SRSII 包括十題原來的題目，以及十道新題目。研究發現新編定的社交沈默量表具有良好的信效度（Jones, Briggs, & Smith, 1986）。

五、Cheek 和 Buss 的害羞量表（Shyness Scale）

　　Cheek 和 Buss（1981）認為害羞和社交性（sociability）是兩個不同的概念，因此，編定「害羞量表」加以測量，內容包括九項與害羞有關的題目，以及五項社交性的題目。編者以下列三項標準作為選題的依據：(1)害羞的情感性（affective）（如緊張、憂慮）和工具性（instrumental）（如笨拙的行為、目光游移）；(2)包括引起害羞的特定情境（如遇到陌生人）；(3)排除有關於喜愛與他人在一起的題目，以避免和社交性混淆。所有題目皆指發生在社交互動中的經驗或行為。

　　Cheek 和 Buss（1981）在編製害羞量表時，雖然害羞的三成分模式尚未建立，但害羞的生理焦慮、認知和行為領域皆被包含在內，隨後 Cheek 在一九八二和一九八三年將測量害羞的

題目修定成十一題和十三題的修定版（Cheek & Briggs, 1990）。

六、互動焦慮（Interaction Anxiety）

對很多人而言，害羞包含一系列的行為、認知、感覺和生理上的反應。然而Leary（1983）卻認為測量主觀焦慮的題目不宜和那些偶爾相伴隨的行為類型相混淆，因為社會焦慮和它的相伴行為之間沒有強烈的關係，也沒有任何理由期待彼此之間有關聯。因此，Leary的互動焦慮只測量害羞或社會焦慮的認知和情感兩大部分。Leary以引起焦慮的情境來區分社會焦慮的類型：(1)偶然的社會互動所引起之焦慮——害羞、約會焦慮、異性－社會焦慮，以及一些被稱為人際焦慮的例子（cases）；(2)非偶然之社會互動所引起之焦慮——演說焦慮、溝通恐懼、舞台恐懼和觀眾焦慮。Leary認為害羞乃是由於偶然的社會情境所引起的，不過除了社會焦慮之外，害羞也包含笨拙和抑制的行為（Leary, 1986）。所以互動焦慮可能只測到害羞的部分特性，Morris（1983）的實徵研究也證實了此觀點。

七、McCroskey等人之害羞量表（Shyness Scale）

本量表由 McCroskey、Andersen、Richmond 和 Wheeless（1981）所編製，主要是測量害羞的行為層面，總共有十四項評估好說話性（talkativeness）或直接問及有關害羞的題目。

八、害羞症狀量表
（Shyness Syndrome Inventory, SSI）

Melchior（1990）根據後設認知的模式編製了一份「害羞症狀量表」，用以測量害羞的認知、生理及行為三方面的症狀。量表乃是由 Cheek 和 Buss（1981）所編的九題害羞量表加以修訂和擴展而成的，Melchior（1990）認為宜改進害羞量表的範疇取樣，以增加內容效度，而題數的增加也可以提高量表的信度，因此，增加了一些代表害羞三個成分（認知、生理、行為）的測量題目，並且修正了原來的很多題目。整個量表包含二十項題目，以及三題認定個體認知、生理及行為症狀程度的短文。研究發現本量表具有良好的信效度（Melchior, 1990）。

上述八種害羞的自陳量表，有些對害羞的定義太過鬆散，不夠嚴謹，如 Morris 所編的害羞量表；有些則只測量害羞的某些層面，如 McCroskey 等人所編的害羞量表只測量害羞的行為層面，「社交逃避和苦惱量表」則是測量行為與情緒反應，「互動焦慮量表」則是屬於認知和情緒方面，而 Cheek 和 Buss 所編的「害羞量表」與 Melchior（1990）的「害羞症狀量表」，雖是測量害羞的認知、行為與生理層面，但 Cheek 和 Buss 所編的問卷題目太少，而「害羞症狀量表」的編擬過程則不夠嚴謹，而且兩者皆未能包含害羞的認知、生理、行為及情緒四個層面。至於「史丹福害羞調查表」雖然包括了害羞的生理、認知／情

緒和行為反應，但無法求得總分，不是一個可以量化的測驗。
因此，筆者乃編擬一份包含害羞四層面反應的可計量之標準化
測驗，測驗內容詳見第三節。

第三節　害羞量表的編製

　　害羞雖然是一個耳熟能詳的名詞，但是，害羞對不同的人
可能有不同的意義（Zimbardo, 1977a, p.24）。Pilkonis（1977a）
強調害羞是一種抑制、沈默或社會逃避的行為形態；而 Buss
（1980）將害羞視為社會焦慮的一種特殊形式；Leary（1986）
則綜合上述兩者之觀點，認為害羞是一種心理症狀，包括主觀
的社會焦慮和抑制、逃避等行為。另外，Melchior（1990）則根
據後設認知的模式，提出害羞的三症狀之觀點，認為害羞應包
含了認知、行為及生理三方面的症狀。由於學者對害羞的觀點
不一，因此，用以測量害羞的工具極為多樣化，不過，大都和
測量社會焦慮、評量焦慮的量表有所混淆，且各量表之間有很
大的重疊性（Briggs & Smith, 1986）。至於專門用以測量害羞的
量表，不是題數過少，信度易受到影響，就是忽略了害羞的「情
緒」層面，有失偏頗。Buss（1984）曾指出，害羞的任何一個
成分都有助於吾等對個體害羞問題的了解，因此，完善的害羞
測量工具宜包含害羞的行為、認知、生理及情緒四種成分，不
能有所偏失。

　　目前國內對於害羞之測量，大都採用吳靜吉（民 74）翻譯

Zimbardo（1977）所編製的「史丹福害羞調查表」，而該調查表乃是屬於自我標籤式的自我問卷，無法求得總分，而且作答的方式各部分也不相同，雖然有助於害羞情況之了解，卻不能做客觀之評量。筆者有鑑於國外害羞量表建構上的缺陷，以及國內用以診斷害羞的工具之缺乏，因此，乃從文獻探討中釐清害羞的概念，並且依據所提出的害羞定義，就害羞的行為、認知、生理及情緒四個層面，編擬出一份符合國人使用的害羞量表，以便對個體的害羞各層面進行個別化有效的評量與診斷（蘇素美，民85）。

　　為了解引起台灣大學生害羞的人、情境，以及害羞的反應，筆者以三百七十七名大學生為受試者，施以吳靜吉所譯的「史丹福害羞調查表」，並將實徵的結果作為編擬題目的依據。筆者乃是兼採「理論建構法」和「因素分析」兩種方法來編製害羞量表，依據文獻分析所下的害羞定義，以及 Zimbardo 所編擬的「史丹福害羞調查表」之實徵結果來編擬題目，並對所編擬之測驗進行因素分析及集群分析。全量表共有四十八題，分為四個分量表（害羞的行為、認知、生理及情緒層面）、兩個共同因素量表（害羞的外顯層面及內隱層面；外顯層面包括害羞的行為、生理及情緒層面，而內隱層面則指害羞的認知層面）和總量表，採 Likert 五點計分，得分愈高表示個體愈害羞，施測所需時間約十至十五分鐘。各分量表 Cronbach α值在.795 至.864 之間（233 人），重測信度係數為.90（間隔兩星期），效度考驗方面則包含內容效度與建構效度。本量表經過嚴格的信效度考驗，為一有效評量個體害羞特質的測量工具，另外，本量

表並建立兩種常模，一種是百分等級（PR）常模，另一為單參數 logistic IRT 模式（Hambleton & Swaminathan, 1985）的標準分數常模。以下擬列出此量表，以供讀者參考。

害羞量表

　　下面共有四十八個題目，每個題目都在敘述個人的感受，「1」代表非常不像，「5」代表非常像，其餘類推，數字愈大代表相似的程度愈強，請在每一題後面適當的□上打「✓」，每題只有一個答案。

	1.非常不像我	2.較不像我	3.一半一半不像我	4.較像我	5.非常像我
1. 我跟陌生人談話時，音量會變小。···	□	□	□	□	□
2. 在陌生人面前，我會將注意力放在自己身上，因而特別留意自己的言行舉止。··	□	□	□	□	□
3. 當我要求服務生拿回送錯的餐點時，我會臉紅。··········	□	□	□	□	□
4. 我在宴會或舞會的社交場合中經常感到不自在。··········	□	□	□	□	□
5. 我和異性講話時，不敢看著對方。···	□	□	□	□	□
6. 我在團體之前講話時，思緒不會變得很混亂。··········	□	□	□	□	□
7. 在舞會和其他社交聚會中，我不會感到心跳加快。·········	□	□	□	□	□

8. 當我和陌生人在一起時，我會感到不安。 □ □ □ □ □

9. 我不會找藉口以避免參加社交上的聚會。 □ □ □ □ □

10. 在大團體中，我會想到別人正在評估我。 □ □ □ □ □

11. 和權威人士講話，我會心跳加快、冒汗。 □ □ □ □ □

12. 當我成為注意的焦點時，我會感到焦慮、
不安。‧‧‧‧‧‧‧‧‧‧‧‧‧ □ □ □ □ □

13. 我在人多的場合中常常保持沈默。‧‧‧ □ □ □ □ □

14. 當我在團體中成為注意的焦點時，我總是
努力地希望給別人留下好印象。 □ □ □ □ □

15. 和異性在一起時，我不會臉紅。‧‧‧ □ □ □ □ □

16. 和權威人士說話時，我不會緊張。‧‧‧ □ □ □ □ □

17. 在大團體中我會避免成為大家注意的焦
點。‧‧‧‧‧‧‧‧‧‧‧‧‧‧ □ □ □ □ □

18. 當我和異性在一起時，不會擔心自己給對
方的印象如何。‧‧‧‧‧‧‧ □ □ □ □ □

19. 向別人自我介紹時，我會心跳加速、手心
冒汗。‧‧‧‧‧‧‧‧‧‧‧ □ □ □ □ □

20. 當我和某一位異性見面時，我不會感到羞
怯。‧‧‧‧‧‧‧‧‧‧‧‧ □ □ □ □ □

21. 我在舞會或宴會中顯得有點笨拙。‧‧‧ □ □ □ □ □

22. 在宴會或舞會上，我會一直想到自己的表
現是否笨拙。‧‧‧‧‧‧‧‧ □ □ □ □ □

23. 在不熟悉的社交情境中，我會感到脈搏加
速或顫抖。‧‧‧‧‧‧‧‧‧ □ □ □ □ □

24. 在人多的團體之中，我不會害怕去表現自
己。‧‧‧‧‧‧‧‧‧‧‧‧ □ □ □ □ □

25. 我在作自我介紹時，會有點語無倫次。· ☐ ☐ ☐ ☐ ☐

26. 和權威人士講話時，我會非常想要離開那
    個情境。· · · · · · · · · · ☐ ☐ ☐ ☐ ☐

27. 我在社交場合中會有平靜與放鬆的感覺。 ☐ ☐ ☐ ☐ ☐

28. 當別人介紹我的時候，我不會感到緊張不
    安。· · · · · · · · · · · ☐ ☐ ☐ ☐ ☐

29. 和權威人士講話時，我不敢看著他
    （她）。· · · · · · · · · · ☐ ☐ ☐ ☐ ☐

30. 自我介紹時，我不會想到自己的害羞程度
    和害羞的後果。· · · · · · · ☐ ☐ ☐ ☐ ☐

31. 當我和一群不認識的人在一起時，我經常
    感受到生理上的不適。· · · · · ☐ ☐ ☐ ☐ ☐

32. 我經常在社交場合中感到沮喪。· · · ☐ ☐ ☐ ☐ ☐

33. 我會逃避兩性之間親密的行為。· · · · ☐ ☐ ☐ ☐ ☐

34. 在人多的團體，我會擔心自己是否給別人
    留下好印象。· · · · · · · · ☐ ☐ ☐ ☐ ☐

35. 當我第一次要和陌生的異性見面時，我不
    會感受到生理上的不適（如脈搏加速、顫
    抖……等等）。· · · · · · · ☐ ☐ ☐ ☐ ☐

36. 我不會在社交場合中感到笨拙。· · · · ☐ ☐ ☐ ☐ ☐

37. 在舞會或酒會中，我會主動和別人聊天。 ☐ ☐ ☐ ☐ ☐

38. 當我開口求助時，我會一直想到自己的笨
    拙以及能力上的不足。· · · · · · ☐ ☐ ☐ ☐ ☐

39. 在人多的團體，我很容易感到生理上的不
    適。· · · · · · · · · · · ☐ ☐ ☐ ☐ ☐

40. 當我在餐廳中要求服務生拿回送錯的餐點
    時，我會感到緊張不安。· · · · · ☐ ☐ ☐ ☐ ☐

41.對我而言，要和陌生人講話並不困難。‧‧ □ □ □ □ □

42.當我在餐廳中要求服務生拿回送錯的餐點
時，我會預期他（她）給我負面的評價。 □ □ □ □ □

43.當成為大家注意的焦點時，我會心跳加
快、冒汗或顫抖。‧‧‧‧‧‧‧‧ □ □ □ □ □

44.我會因害怕自己出糗，而不敢在團體中問
題。‧‧‧‧‧‧‧‧‧‧‧‧‧ □ □ □ □ □

45.在大團體之中，我會盡量把握說話的機
會。‧‧‧‧‧‧‧‧‧‧‧‧‧ □ □ □ □ □

46.我不會擔心自己會在社交場合中說錯話或
做錯事。‧‧‧‧‧‧‧‧‧‧‧ □ □ □ □ □

47.在團體中發表自己的意見時，我不會手心
冒汗、口乾舌燥。‧‧‧‧‧‧‧ □ □ □ □ □

48.如果我知道某人正在打量我，我會變得緊
張不安。‧‧‧‧‧‧‧‧‧‧‧ □ □ □ □ □

計分方法及結果解釋如表 5-1：

表 5-1　害羞量表計分方式及結果解釋一覽表

	計分方式	結果解釋
行為層面	正向題：答 1 者得 1 分，答 2 者得 2 分，依此類推。 反向題：答 1 者得 5 分，答 2 者得 4 分，依此類推。 正向題：1,5,13,17,21,25,29,33 反向題：9,37,41,45	本分量表共有 12 題，最高為 60 分，最低為 12 分。得分愈高表示個體在行為層面的害羞程度愈高。亦即，個體會故意逃避社交情境，避開別人，而即使在社交情境中也比較沈默，不敢開口，而說話的聲音也比較小，或者甚至會有語無倫次的現象。
認知層面	正向題：2,10,14,22,26,34,38,42 反向題：6,18,30,46	本分量表共有 12 題，最高為 60 分，最低為 12 分。得分愈高表示個體在認知層面的害羞程度愈高。亦即，個體在社交情境中會想到別人正在評估他（她），總是擔心自己是否能給別人留下良好的印象，因而變得非常注意自己的言行舉止，傾向於預期別人會給他（她）負面的評價，因而對自己的社交表現有消極的想法。

（下頁續）

（續上頁）

生理層面	正向題：3,11,19,23,31,39,43 反向題：7,15,27,35,47	本分量表共有 12 題，最高為 60 分，最低為 12 分。得分愈高表示個體在生理層面的害羞程度愈高。亦即，個體在社交情境中經常會感受到臉紅、心跳加快、脈搏加速，甚至是冒汗或顫抖等生理上的不適。
情緒層面	正向題：4,8,12,32,40,44,48 反向題：16,20,24,28,36	本分量表共有 12 題，最高為 60 分，最低為 12 分。得分愈高表示個體在情緒層面的害羞程度愈高。亦即，個體在社交情境中經常會感受到焦慮不安、沮喪、困窘，或者緊張、害怕、羞怯等負面情緒。
害羞整體層面	正向題：2,10,14,22,26,34,38,42 反向題：6,18,30,46	全量表總共 48 題，最高為 240 分，最低分為 48 分。得分愈高表示個體的害羞程度愈高。

「害羞心理學入門」勘誤表

91 年 2 月

本書有部分疏漏／錯誤，特更正如下，並致深歉：

心理出版社出版部　敬啓

- -

第 74 頁最後一列害羞整體層面之計分方式有誤，應為：

即上述四個層面的總分

第六章

害羞的相關研究

第一節　背景變項與害羞之關係

以下擬就性別及出生序兩方面來探討不同背景變項與害羞的關係。

一、性別

大部分的人認為女孩比男孩害羞，但吳靜吉（民 74）指出，這只是個迷思。社會對於男女的害羞持有不同的態度，一般覺得男孩子的害羞是「不好」的；而女孩子的害羞則是被容許的，並且認為是「嬌羞」、「討人喜歡」的一種特質。不過，有關害羞的性別差異，實徵研究至今則尚未有一致性的結論。

Pilkonis（1977c）以史丹福二百六十三名大學生為受試者，研究結果發現，男大學生有 46.4%認為自己害羞，而女大學生只有 33%認為自己害羞，顯示男大學生比女大學生更為害羞，Pilkonis解釋此種結果，認為是因為上私立大學的女性已經過篩選，比較活潑外向之故。Bruch 和 Phillips（1988）以一百五十一名大學生為對象，以害羞量表為工具，發現害羞組的男生之平均數為 40.2；而害羞組的女生之平均數為 36.1，顯示男生比女生之害羞程度更高。不過，Cheek 和 Buss（1981）以九百一十二名男女大學生為對象，考驗害羞和社交性之間的關係，以自編的害羞和社交量表（Shyness and Sociability Scale）為工具，結

果發現男女生在害羞上並沒有顯著差異。Cheek、Carpentieri、Smith、Rierdan 和 Koff（1986）以性別角色的觀點來看害羞問題，認為害羞的性別差異和害羞的類型及成因有關，而因為社會觀念對男女性別角色的不同期許，女性的害羞比男性更容易受到社會的接納與回饋。Lazarus（1982）以三百九十六名五年級的小學孩童為受試者，結果發現有四分之一的男孩自認為害羞，而女孩卻有二分之一自稱害羞。Ishiyama（1984）以九十六位十年級的學生為對象，也發現女生比男生更為害羞。

至於國內對害羞的研究很少，吳靜吉（民74）曾以六百六十位大學生為對象，以中譯的「史丹福害羞調查表」為工具，結果發現男女害羞的程度，基本上並沒有性別上的顯著差異。歐淑芬（民79）以八百五十一位大學生為研究對象，以害羞與社交能力問卷為工具，結果顯示男女在害羞上並沒有顯著的差異。筆者以一千六百零五位大學生為研究對象，施以自編的害羞量表，結果顯示，男女生在害羞的四個層面做最能區別男女生差異之最佳線性組合時，有顯著差異，不過，如果分四個層面來進行單變項的考驗時，男女生只在害羞的情緒層面達顯著水準，由統計關聯強度顯示，性別所能解釋的害羞情緒之變異量只有0.67%，可見，男女生在害羞上的差異並不大（蘇素美，民85）。

有關害羞性別差異之研究，其結果大約可分為三類，即(1)男生比女生更為害羞（Bruch & Phillips,1988; Pilkonis,1977c），其研究的樣本為大學生；(2)女生比男生更害羞（Ishiyama,1984; Lazarus, 1982），對象為小學生及青少年；(3)男女生在害羞上無

顯著差異（Cheek & Buss,1981；吳靜吉，民 74；歐淑芬，民
79），受試者為大學生。而筆者以大學生為研究對象，也發現
男女大學生在害羞上的差異性並不大（蘇素美，民 85）。由此
可見國內的研究較有一致的結論，而國外的研究結果則有所分
歧，也許是受試對象不同，或者是測量工具不同所導致的結果，
不過，真正的原因，則有待更進一步的探討。

　　國人一般認為女生比男生要更害羞，而由以上的實徵研究
結果顯示，這也許只是一般人的刻板印象罷了，國內男女大學
生的害羞並沒有多大顯著差異存在。

二、出生序

　　Zimbardo（1977a, pp.84-87）認為老大比其他出生序的孩子
更容易害羞，因為父母對老大有較高的期許，要求也更多，因
而使得老大更努力想去獲得成功與獎勵，但是，如果他們沒有
這種能力，則會經驗到更大的壓力。而後面出生的孩子因有玩
伴，所以很早便學習到重要的人際溝通技巧，如談判、說服和
妥協（Orr,1981）。Miller 和 Maruyama（1976）的研究發現，出
生序較後面的孩子較受同儕的歡迎，而由教師的評定也顯示：
老大在班級或團體之中較不能有效地使用溝通技巧。Whitaker
（1993）以一年級的兒童為對象，發現教師評定老么的兒童比
獨生子女要更為害羞。筆者的研究發現，不同出生序的大學生，
在害羞上的得分沒有顯著的差異存在，亦即，老大、老么、獨
生子女或其他排行學生，其害羞的程度沒有顯著的不同（蘇素

美，民85）。

　　由於社會的變遷，每個家庭的孩子數漸減，而小孩在四、五歲時即入幼稚園上課，因此，不論是老大、老么、獨生子女或其他排序者與同儕接觸的機會並沒有差異，所以學習人際互動技巧的情境也沒有太大不同。另外，由於子女數目少，父母對子女的期望並不會因排行而有顯著的差異，因此，Zimbardo認為父母對老大會有較高期望，因而導致老大更害羞的看法，則有待商榷。有關不同出生序對害羞的影響之研究並不多，因此，有待進一步的探討。

第二節　父母管教方式與害羞的關係

　　Zimbardo 和 Radl（1981, pp.29-33）指出父母管教兒女的方式不外乎「自由放任型」（permissive style）、「專制型」（authoritarian style）和「威信型」（authoritative style）三種，每一種對孩子都有不同的影響。「自由放任型」給予孩子很多自由；「專制型」將服從視為美德並且約束孩子的自主性；「威信型」則以理性、問題取向的方式（a rational issue-oriented manner）來引導孩子的行動。

　　「自由放任型」無法建立孩子的安全感，這種父母對任何事都漠不關心，他們不在意嬰兒哭叫，而當孩子日漸長大，也不為其建立行為的準則。他們有時會疏忽孩子，而且態度有所不一，可能給孩子一種不被重視的感覺。「專制型」也會忽略

對孩子表示情感和關懷。他們寧願孩子哭叫也不願哄他，因為
害怕會寵壞孩子。他們不常和孩子說話，陪孩子一起玩。這種
父母非常在意別人的看法，他們相信嚴厲可使孩子表現像大人
一樣的成熟行為。介於上述兩種極端的管教態度就是「威信
型」，這種父母能夠掌握情況，而且具有涵養。他們的情感豐
富，知道什麼樣的孩子在哪一種發展階段有什麼能力，他們常
和孩子講話，並傾聽孩子的心聲，能夠隨著情境的變遷而修改
規定。Zimbardo 在探討害羞和父母之態度的關係時，發現威信
型最能建立孩子的安全感和自信，乃是克服害羞最有效的態度。

　　Baumrind 和 Black（1967）以家庭訪問、結構性觀察和晤談
的方法，對三十二位學齡前的兒童進行三至五個月的觀察，以
探討父母的態度和行為對兒童能力的影響，結果發現，母親成
熟的要求（如秩序、家庭責任）、公正的教導及傾聽孩子的意
願與兒童的獨立性及肯定性行為有關；而父母的約束和拒絕給
予孩子足夠的獨立，與男孩的依賴、被動行為有關。Bell、A-
very、Jenkins、Feld 和 Schoenrock（1985）以兩千三百一十三位
大學生為對象，探討家庭關係（對父母和手足的親密度）和本
身所知覺的社交能力之關係，結果發現，家庭的親密度和個體
的社交能力有正相關存在。顯示親子間的依附可以提升個體的
社交能力以及對同儕關係的滿意度。Kemple（1991）以五十七
位兩歲大的孩子及其父母為研究對象，發現被老師評定為害羞
的孩子，其父親較少溫暖的管教態度，而害羞的男孩其父親較
為嚴格，母親則較鼓勵孩子依賴的行為。Whitaker（1993）探討
母親的情緒和對兒童的限制與一年級兒童害羞的關係，由母親

評定自己每天日常生活的情緒,而兒童的害羞則由教師及父母
親分別評定。結果發現,母親的生氣情緒和對兒童的限制,可
以顯著解釋教師所評定之兒童害羞;而母親的驚訝情緒和限制,
則可以顯著解釋母親所評定的兒童害羞,顯示母親本身的情緒
及對兒童的限制會影響孩子的害羞行為。

　　Chen(1993)以六百一十二位二、四年級的大陸學生為受
試者,採因果模式的分析,發現母親的接納對孩子的攻擊-破
壞有顯著負向的直接影響,而對孩子的社交性-領導-利他行
為則有顯著正向的直接影響。另外,有研究顯示,出生在威信
型家庭的孩子,心理能力的發展最好,不良行為最少;生長在
忽略型家庭(neglectful families)的孩子心理能力最差,問題行
為也愈多;專制型的家庭則培育出服從成人標準的兒童,但本
身具有較不良的自我概念,至於縱容型的家庭會使兒童有較強
的自信,較高物質享樂的欲望,以及較多的不良行為(Lamborn,
Mounts, Steinberg, & Dornbusch, 1991)。除了父母管教方式之外,
也有研究發現,兒童的害羞和母親的害羞成正相關,而與母親
的社交性和外向性成負相關(Daniels & Plomin, 1985)。

　　筆者以兩百三十九位大學生為受試者,將父母管教方式分
成開明權威、寬鬆放任、專制權威、忽視冷漠、不一致等五種
類型,探討其與害羞的關係,結果顯示:忽視冷漠型的父母管
教方式比開明權威型的管教方式,更會導致較高的害羞行為。
而在害羞的認知、生理及情緒層面則不因父母管教方式之不同,
而有顯著性差異(蘇素美,民85)。

　　由以上的研究可知,父母對孩子成熟的要求、傾聽、接納

以及家庭的親密度對兒童的積極社交行為有正向的幫助；而父母的約束限制、嚴格、缺乏溫暖、專制權威以及拒絕孩子獨立的管教方式則對孩子的社交行為之發展有負面的影響。

第三節　個人因素與害羞之關係

　　以下擬就非理性信念、社會技巧以及自我意識等個人因素來探討其與害羞之關係。

一、非理性信念

　　依據 Ellis 的看法，信念系統有兩種主要形式，一為理性信念（rational belief）；一為非理性信念（irrational belief）（Wessler & Wessler,1983）。Walen、DiGiuseppe 和 Wessler（1980, pp. 72-75）指出，界定理性信念與非理性信念有以下幾個標準：

(一)理性信念的標準

1. 合理性的信念通常是事實，在類別和程度上皆和現實一致，而且可以引用證據來加以支持。
2. 合理性的信念不是絕對的，它是有條件或相對的，通常是一種需求、期望或希望，乃是一種需求（desiring）哲學，而非一種強求哲學。
3. 合理性的信念只會引起中度的情緒反應，不至於使個體煩亂。

4. 合理性的信念可以助人達成目的，將內在的心理衝突降至最低。

(二)非理性信念的標準

1. 非理性信念不是事實，它來自於不正確的大前提，因而導引出不正確的推論。

2. 非理性信念是一種命令（command）。它代表一種絕對的觀念，通常以命令、應該和強求之形式表現。

3. 非理性信念會帶來令人困擾之情緒。冷漠或焦慮的情緒會使個體更加衰弱，而生氣、罪惡感、憂鬱等情緒也將因而產生。

4. 非理性信念無法助人達成目標，只會使個體為不愉快的情緒所苦。

　　根據 Ellis 的定義，非理性信念係指會引起並持續不良情緒反應的不合現實、不合邏輯之不合理的態度、想法或信念（Wessler & Wessler, 1983）。

　　Walen 等人（1980）依據 Ellis 之觀念提出了十三種非理性信念，不過對於非理性信念之分類，眾說紛云，即使是 Ellis 本人在不同的時候，也有不同的說法，因此，以下乃介紹常見於國內的十種非理性信念（吳松林，民 79）。

1. 要求贊許：每個人都需要得到生活環境中每一位重要他人的喜愛和贊許。

2. 高自我期許：一個人必須能力十足，在各方面都有成就，這樣才是有價值的人。

3. 責備傾向：有些人不好、邪惡、卑鄙，他們都是壞人，應該

受到嚴厲的責備與處罰。

4. 挫折反應：事情都應該是自己所喜歡或期待的樣子。假如事情不是自己所期待的或所喜歡的，那就是很糟糕的事。

5. 情緒控制：人的不快樂是外在因素所引起的，一個人很難控制自己的憂傷和煩悶。

6. 過度焦慮：對於危險可怕的事，我們必須非常關心，應該時時刻刻憂慮它可能會發生。

7. 逃避困難：逃避困難或規避責任要比面對它們更容易。

8. 依賴：一個人必須依賴他人，且必須有一個強者為靠山。

9. 無法改變：一個人的過去經驗和歷史是對他目前行為極重要的決定因素，過去的影響永不消失。

10. 完美：一個人碰到種種問題，都應該找到一個完善正確的答案，否則那將是件糟透了的事。

　　Ellis 在一九六三年指出，害羞的非理性信念有以下幾點：(1)被別人拒絕是很可怕的，這將會證明我是沒有用的；(2)一個人必須能力十足，在各方面都很完美（Glass & Shea, 1986）。Ellis 認為所謂的害羞、社會焦慮或演說焦慮，大部分來自於不合理的信念，個體認為自己必須溝通得很好，給他人留下好印象（Watson & Dodd, 1991）。Glass 和 Shea（1986）也指出害羞者具有下列的錯誤認知：負面的自我評價、錯誤的歸因、扭曲事實的想法、不合理的信念，這些乃是造成個體害羞的重要因素。

　　Loxley（1978）指出，非理性思考乃是造成個體害羞的原因，依據 Ellis 之觀點，非理性乃是吾人在檢視自我、他人與情

境時，在思考上的一種「內在對話」（internal dialogue）。這種認知上的預言或設定，經常造成個體過度的情緒反應及行為上的失能。因為非理性思考具有「災難性」（catastrophic）與「絕對性」（absolutistic）的特質，因此，經常導致過度的焦慮、憤怒或挫折（如「一定很可怕」、「我必定會……」）。Loxley以參加聚會為例，說明一個害羞者的內在對話如下：

「我真想躲起來，聚會讓我緊張。」

「我實在不該來參加這個聚會，幾乎沒有一個認識的人。我敢打賭，我一定整個晚上孤獨地一個人坐在那裡。那個人雖然看起來挺不錯的，可是，只要我一接近他，一定會把他嚇跑；也許，他認為我是一個笨蛋吧。為什麼我不能像其他人那樣，輕鬆自在地交談呢？也許每個人都看到我害羞地坐在這裡。我是個做什麼都不夠帥勁的人，下次我一定寧可留在家裡，聚會總是令我焦慮不安。」

這種「內在對話」的形成，主要是來自於個人的基本信念，而害羞者的非理性信念則包括：(1)在任何時空中，我必須被那些重要的他人所喜歡或接納（只要其中有一個人不喜歡我，那就太可怕了，我無法忍受）；(2)聚會令我感到不愉快，「逃避」是最佳良策；(3)為了證明「我的價值」，我必須把每件事都做得非常好，甚至「完美」（因為我經常是不夠好或不夠完美，所以，我必須不斷自我批評）；(4)事情若不是依照我所喜歡的方式進行，那麼包括我自己都應該受責罵。這種「個人信念」和「內在對話」乃是害羞形成的主要原因。此外，害羞的人還有一種「過度自責」的特質，認為自己是一無是處的人，並堅

信自己永遠無法改變，真是既糟糕又可怕（Loxley, 1978, pp. 41-42）。

　　Goldfried 和 Sobocinski（1975）以七十七位女大學生為對象，探討社會焦慮、測試焦慮和演說焦慮與非理性的關係，發現上述三種焦慮和三種非理性有顯著相關，即(1)從他人身上獲得贊許；(2)過高的自我期望；(3)對未來的事情過度不安的關心。而愈期望被他人贊許的受試者，如果知覺到將被他人拒絕時，會有更多不安與生氣的情緒。Gormally、Sipps、Raphael、Edwin 和 Varvil-Weld（1981）以男大學生為受試者，發現非理性信念愈高的男生對「向異性提出邀請」的社交行為，會作較高的人際冒險之估計，而且在社會偶遇的情境中，表現較少的自信心。Arkin 和 Schuman 在一九八三年的實驗發現，害羞者比非害羞者更希望獲得贊許，而且更擔憂是否會獲得他人的肯定（Arkin, Lake, & Baumgardner, 1986）。而 Deffenbacher、Zwemer、Whisman、Hill 和 Sloan（1986）的研究也顯示，害羞和四種非理性之間有顯著的相關，即(1)要求贊許；(2)高自我期許；(3)過度焦慮；(4)無法改變。

　　筆者以兩百五十九位大學生為受試者，探討「要求贊許」、「高自我期許」、「過度焦慮」及「完美」等四種非理性信念與害羞的關係，結果發現，非理性信念中的「要求贊許」、「過度焦慮」和害羞的四個層面皆有相關存在，尤其是害羞的「生理、情緒、行為」等症狀；而非理性的四個分量表皆和害羞的認知有相關存在。由此顯示，非理性信念對個體的影響不只是外顯的害羞行為，它和個體害羞的認知症狀更有密切關係（蘇

素美，民85）。此結果與 Loxley（1978）的觀點：非理性思考乃是造成個體害羞的原因相符合，也和 Deffenbacher 等人（1986）及 Goldfried 和 Sobocinski（1975）的調查結果一致，亦即，害羞和「要求贊許」、「高自我期許」及「過度焦慮」等非理性信念之間有顯著的相關存在。非理性信念具有災難性和絕對性，而人際互動的社交情境則是多樣化、變動性的，沒有一定的規則可尋，因此，極具有挑戰性。對一個希望能獲得周遭所有人喜愛和讚賞，而對未來感到焦慮的高自我期許者，很容易在社交情境中感到害羞，因為他認為一個人應該在所有社交場合中表現自如，獲得他人的喝采，如果遭受別人的拒絕會是一件非常可怕的事，因那將證明自己的無能。也由於具有這種不合理的信念，即使他們有適當的社交技巧，也很容易在社會情境中感到挫敗，甚至於不敢在團體中表現自己，他們害怕社交情境的冒險會暴露出自己的缺點，而這種逃避心態，使得個體很少有機會去練習自己的社交行為，這種惡性循環的結果，將使得個體更為害羞。

另外，筆者也發現，非理性信念中的「要求贊許」和「過度焦慮」與害羞四個成分的相關皆達 -.438 以上，但是，「高自我期許」和「完美」層面與害羞的行為、生理與情緒層面的相關很低（-0.12 以下），而和害羞的認知層面卻有 -.420 以上的相關，由此可見，這兩項非理性信念和害羞的認知層面較有關係，顯示對自己具有高自我期許及「完美」傾向的個體所產生的害羞，主要是在認知症狀上，較少外顯的害羞行為，也許這兩個因素是造成那些擁有適當社交技巧、但是本身卻感到害羞的原

因所在。不過，真正的因素，則有待進一步的探討。由上述可知，具有非理性信念者在人際互動的場合中較沒有自信心，因而會表現出焦慮不安與害羞的行為。

二、社會技巧

　　黃信仁（民74）認為社會技巧是指個體在和環境互動過程之中，所產生正向影響的種種語言及非語言行為的項目。Gottman、Gonso 和 Rasmussen（1975）指出，具備良好社會技巧的人，有良好且適當的臉部表情，能使用適切的字眼來傳達訊息，善解人意，並懂得如何結交朋友，以及如何維持或結束與他人的談話。在社會中要能有效地與人交往，一定要具有適切的社會技巧，這些社會技巧可能包括讚美他人、提出問題、有效地給予別人反應、自我表露、傾聽、解釋、表現肯定或拒絕的行為，及非語言的溝通等等（Hargie, Saunders, & Dickson, 1981）。

　　Cheek 和 Buss（1981）的實驗研究發現，害羞者比非害羞者說話的時間較少，無法進行有效的眼神接觸，面部表情較少，給人不友善和緊張的感受。Briggs 等人（1986）指出，害羞者無法進行有效的談話，給予對方的反應較少。Watson（1987）以一百八十七位十四至五十八歲的受試者為樣本，分析害羞的四種症狀：行為、認知、身體和其他的各種反應。結果發現缺乏溝通技巧乃是導致害羞的重要因素，因而主張對害羞者給予社交技巧的教導，以克服個體的害羞。另有研究指出，個體在非結構性的社交情境最容易感到害羞、手足無措（Glidden, 1990;

Pilkonis, 1977c; Watson, 1987）。由此可見社交技巧的缺乏可能是導致害羞的因素。

筆者以兩百五十九位大學生為受試者，探討社會技巧與害羞的關係，結果發現，社會技巧中的「適當的社會技巧」、「不當交往技巧」、「自負」和害羞的四個層面有較高的相關，尤其是「適當的社會技巧」更高達.503，而不當交往技巧、自負則與害羞呈負相關（-.356）。由此可見，社會技巧愈高、較不自負的學生，愈不會感到害羞（蘇素美，民 85）。此結果和 Briggs 等人（1986）、Cheek 和 Buss（1981）、Glidden（1990）、Pilkonis（1977c），以及 Watson（1987）的研究結果一致，亦即缺乏適切與人交往的技巧，乃是個體害羞的重要原因。由於個體不知道要如何與人進行溝通，因此，很容易在社交場合中感到驚惶失措，尤其是在非結構性的社會情境，以及面對異性的場合。這種不知所措、笨拙的反應，最容易產生心跳加快、面紅耳赤的生理反應，以及緊張、焦慮不安的情緒，使個體從社會情境中退縮、逃避，甚至對自我產生負面的評價。而另一方面，筆者也發現，適當的社會技巧與害羞的認知症狀成負相關，顯示有些具有良好社交技巧的個體，也會有害羞的現象，這可能是個體的公眾自我意識或者是非理性信念使然。這項研究發現，和國外學者的觀點一致，亦即，引起個體害羞的行為不一，有些人是缺乏社會技巧；有些是來自於非理性信念；有些則是公眾的自我意識過高；另外，有些人則是容易在社交情境中感到緊張焦慮（Buss,1986; Pilkonis, 1977b; Pilkonis & Zimbardo,1979; Schlenker & Leary, 1982）。

三、自我意識

　　所謂的自我意識（self-consciousness），係指個人對內在我（private self）和公眾我（public self）的覺知（awareness）程度和適應程度。內在我是指自我較隱祕而不為人知的部分，例如：個人價值、情感和抱負等，只有自己直接感覺得到，而別人不易直接感受到的自我部分；而公眾我是指別人對自己外在行為（overt behavior）及社會行為的印象，例如外貌、穿著、臉部表情或者講話的態度（Buss, 1980）。公眾自我意識使個體在人際互動中知覺到自己是社會的標的（social object），其關注在他人的評價上，如：「他人如何看我？」「我給別人的印象如何？」「別人喜歡我嗎？」而內在自我意識則關注在自己的主觀感受和想法上，對於自己的情感狀態具敏感性（Buss, 1980）。

　　由於公眾自我意識易受周圍環境的影響，因此，Fenigstein等人（1975）將社會焦慮納入公眾我的討論中。經過因素分析之後，發現自我意識包含內在自我意識、公眾自我意識及社會焦慮等三部分。Fenigstein等人（1975）的研究顯示：內在自我意識和社會焦慮幾乎沒有相關，但公眾自我意識則和社會焦慮是中度相關（r=.31）。公眾自我意識高的人對自己給別人的印象十分在意，非常注意別人如何評估自己，因此，比較容易焦慮，不過Schlenker和Leary（1982）認為個人必須過度害怕他人的批評，或者過分懷疑自我表現（self-presen-tation）的適切性，才會造成個體的社會焦慮。

　　Pilkonis（1977a）以兩百六十三位大學生為研究對象，探討自我意識和害羞的關係，結果發現害羞者有較高的公眾自我意識，而內在自我意識上則沒有顯著差異。Cheek 和 Buss（1981）以九百一十二（男三百四十，女五百七十二）位大學生為受試者，發現害羞者的公眾自我意識較高，而且害羞的得分也高，而內在自我意識和害羞則沒有顯著的相關，Melchior（1990）的研究也有相同的發現。

　　筆者以兩百五十九位大學生為受試者，探討自我意識與害羞之相關，結果發現，自我意識的「社會焦慮」層面和害羞的四個層面相關都很高，而自我意識中的「公眾自我意識」和害羞的認知症狀有高度的相關存在（-.724），顯示，公眾自我意識乃是個體產生害羞「認知」症狀的主要因素。由此可見，社會焦慮與害羞各層面皆有相關存在；而公眾自我意識只與害羞的認知層面有關；至於內在自我意識則和害羞沒有關聯（蘇素美，民 85）。此研究結果與 Cheek 和 Buss（1981）、Fenigstein 等人（1975）、Pilkonis（1977a）和 Melchior（1990）的研究一致。由於高公眾自我意識的人，對自己給別人的印象十分在意，非常關注於他人的評價，因此，在社會情境中較容易緊張焦慮。而一個高公眾自我意識的人，當他對於自己的行為表現缺少自信時，便很容易產生害羞的現象（Schlenker & Leary,1982）。筆者同時也發現，一個具有社會技巧、但本身有過高的公眾自我意識及非理性信念的人，也會產生害羞的認知症狀（蘇素美，民 85）。由此可見，個體害羞的原因是具有個別差異的，而這也說明，造成個體害羞的因素是多樣化的，值得做進一步的探討。

第四節　害羞和其他心理特質之關係

以下擬針對害羞和自尊及寂寞等心理特質之關係進行探討。

一、自尊

　　Coopersmith（1967）認為自尊是個人對自己表現贊成或不贊成的態度，也是個人相信自己是個有能力、重要、有價值的人之程度，亦即，自尊乃是個體對自己的態度所做的價值判斷。邱連煌（民70）認為自我包括兩個主要成分，一是自我概念，另一是自尊心。前者是個人認為自己所具有的種種特質，如高矮胖瘦、強弱勇懦。後者是個人對這些自認所具有特質的評價、感受和態度，換言之，自我概念是自我的「認知」部分，而自尊心則為自我的「情意」部分，此二者構成自我的核心。

　　Crozier（1981）指出，害羞者對於自尊的威脅更為敏感，因為其對自己抱持著負面的想法，害羞者的負面自我評價及焦慮、沮喪、不安和困窘的情緒，可能會引起個體的低度自尊，因此，不少實徵研究探討害羞與自尊的關係。Lazarus（1980, 1982）以九十八名五年級的學生為研究對象，施予自尊問卷和害羞的測量，結果發現兩者之間的相關達.63，顯示害羞和低自尊有相關存在。Stott（1985）以高中生為受試者，研究發現害羞者比非害羞者有更低的自尊，也更為外控。Melchior（1990）

以兩百五十一位大學生為對象，以自編的害羞症狀量表（Shyness Syndrome Inventory, SSI）和Rosenberg所編的自尊量表（Rosenberg Self-Esteem Scale, RSE）為工具，發現害羞和自尊的相關為男生-.60；女生-.58，顯示兩者有顯著的負相關存在。Raygan（1991）以一百二十一位大學生為對象，以害羞和社交量表及Rosenberg自尊量表為研究工具，結果發現害羞者有較低的自尊。

筆者以兩百三十九位大學生為對象，探討自尊與害羞的關係，結果發現，害羞和自尊有高相關存在，而且是成負相關，由此顯示，害羞程度愈高的人，其自尊愈低。如果從害羞的各層面來看，以害羞的「行為」、「情緒」層面和自尊的相關最高，其餘依次為生理及認知層面。可見害羞的「行為」及「情緒」症狀對個體的自尊心傷害最大，不過，整體而言，害羞的四個層面與個體的自尊皆有某種程度的關聯（蘇素美，民85）。此研究結果與 Crozier（1981）、Lazarus（1980,1982）、Stott（1985）、Melchior（1990）和Raygan（1991）的研究一致，顯示害羞對個體的影響不因社會文化背景而有所差別。Crozier（1982）指出，害羞者在社交情境中會提高對自我的知覺，將注意力集中在自我的行為表現，以及他人的可能評價，因而無法適切地參與社交活動，這種以自我為注意焦點（self-focused attention）的結果，不僅使個體無法對他人的刺激給予適切的回應，也易使個體將社會行為的失敗歸因為自己的內在性情（disposition），而非外在環境的因素。經由這種錯誤的歸因，個體對自我社交技巧給予負面評價，因而導致個體低度的自尊。害羞者往往無法正確知覺自己的社交技巧，因為他們總是將人際

上的困難視為自己本身能力上的不足，而非外在情境所導致的結果。Cheek 和 Melchior（1990）認為，害羞是自尊的一個層面，因為就後設認知層次而言，害羞是關於個人對自己社交能力或人際價值的評量；而自尊則是個體對自我價值的評量。由於害羞者易感受到社交上的挫敗，也對自我的人際能力給予負面的評價，因而相對地會造成自我價值感的失落。

二、寂寞

由於學者們所持的寂寞理論有所差異，因此，對寂寞的定義也就不同。Peplau 和 Perlman（1982）曾從歸納出的十二種寂寞定義中，找出其中共同認定的三項重點：(1)寂寞是因為在個人的社會關係中有缺陷，所造成的結果。(2)寂寞是一種主觀的個人經驗，它與客觀性的社會孤獨不是同義字。人們可能是孤單地獨處，但並不感到寂寞；或是身處群眾之中，卻感到寂寞。(3)寂寞是一種負面的經驗，使人覺得不愉快。

Weiss在一九七三年針對因人際關係不足的性質，將寂寞分為(1)情緒性寂寞（emotional loneliness）：出現於缺乏一種親密情緒依戀之反應，如缺少一個配偶或愛人，因而常會感到內心空虛、不安與孤獨。(2)社會性寂寞（social loneliness）：因缺乏社會網絡所引起的反應，如新搬到一個社區，還未建立新的社交網絡，因而感到十分無聊（引自Jong-Gierveld & Raadschelders, 1982）。Weiss這種寂寞的分類，近年來已獲得許多實證研究者的支持（Cutrona, 1982; Rubenstein & Shaver, 1982; Russell, Cutrona,

Rose, & Yurko, 1984）。而 Young（1982）則依照寂寞持續時間的長短，將其分為以下三種：⑴長期的寂寞（chronic loneliness）：指個人經過好多年的時間，一直無法建立滿意的社會關係，所產生的寂寞。⑵情境的寂寞（situational loneliness）：指隨著某些生活中重大壓力事件所出現的寂寞，如喪偶、離婚等。⑶短暫的寂寞（transient loneliness）：指在很短的時間內會感到寂寞，這乃是人們最常見到的一種寂寞形式。

　　研究指出：寂寞的大學生有較低的社交冒險傾向，較不具社交性，對別人表達較少的情感，也比較不會自我揭露（Jones, 1982; Solano, Batten, & Parish, 1982）。寂寞的學生有顯著更低的自尊、親密傾向，較不能自我肯定，對於被他人拒絕更為敏感（Cutrona, 1982），在社交技巧上表現出很多的缺失（Jones, Freemon, & Goswick, 1981; Russell, Cutrona, Rose, & Yurko, 1984; Russell, Peplau, & Cutrona , 1980）。Horowitz、French 和 Anderson（1982）發現：寂寞的大學生傾向於將人際的失敗歸因為不可改變的特性之缺失（能力低或人格特質），而不是可改變的個人因素（缺乏努力、使用了無效的策略）或情境因素。Cutrona（1982）也指出，寂寞者的歸因更強調他們自己的人格、害羞、害怕被拒絕和缺乏主動與他人建立關係的能力。Brennan（1982）認為，害羞乃是引起個體寂寞並使寂寞得以持續的原因，因為害羞者不願主動與他人接觸，甚至缺乏社會技巧，因而造成人際互動上的困擾。研究發現，害羞的人朋友較少（Jones & Russell, 1982），社會網絡小，社會支持低，比較不滿意他們的人際關係（Jones & Carpenter, 1986），這種人際關係的不滿，可能會造

成個體的寂寞。

　　Maroldo（1981）以三百一十二位（男一百五十七，女一百五十五）大學生為對象，探討害羞和寂寞的關係，結果發現寂寞和害羞之間有顯著相關存在。Ishiyama（1984）以九十六位十年級的學生為對象，發現害羞者有更高的寂寞傾向。Jones 和 Carpenter（1986）對害羞者的人際關係進行一系列的研究之後，獲得以下五個一般性的結論：⑴害羞者比非害羞者對人際關係更不滿意，有較大的寂寞感，較少親密的夥伴。⑵對社會支持的分析發現，害羞者的社會網絡較小，較不滿意現在的關係。⑶離家到外地讀書的害羞大學生，迫切需要在新環境中結交朋友的社會技巧和信心。⑷害羞的大學生對他的朋友有較多負面的評價；而他的朋友也覺得害羞者比較不討人喜歡，比較不親切。⑸害羞者雖然有不害羞的朋友，但他們覺得在友誼中缺乏忠誠、親密和有趣的同伴。Booth、Bartlett 和 Bohnsack（1992）以五十五位大學生為受試者，結果發現害羞和寂寞之間的相關達.63（p＜.001）。

　　筆者以兩百三十九位大學生為對象，探討寂寞與害羞的相關，結果發現，害羞和寂寞有相關存在，且成正相關，由此顯示，害羞程度愈高的人，愈會感到寂寞。如果從害羞的各層面來看，以「行為」、「情緒」層面和寂寞的相關最高，其次為害羞的「生理」和「認知」層面。而在寂寞變項方面，以「寂寞無助」層面和害羞的相關最高，其次為「缺乏友伴」與「隸屬感弱」。整體而言，害羞和寂寞的三個層面皆有關係存在（蘇素美，民85）。此研究結果和 Ishiyama（1984）、Jones 和 Carpenter（1986）、Maroldo（1981）的研究相同，亦即，愈害羞的學生愈會感到寂寞。

Brennan（1982）認為害羞乃是引起個體寂寞，並使寂寞得以持續的原因，因為害羞者不願主動與他人接觸，甚至缺乏社會技巧，因而造成人際互動上的困擾。Leary（1986）也指出，害羞的人避免非預期的社交偶遇（encounters），也較少參與社交活動，因而有較少的朋友和社會活動。而另一方面，研究指出害羞者被視為較不友善，而且在社會互動中比較不願自我表露（Jones & Russell, 1982; Zimbardo, 1977），也許這是害羞者難以建立人際關係的一個因素。

總之，害羞者在人際情境中往往採取消極被動的姿態，不敢甚至於不知要如何主動與他人談話，尤其是在非結構性的團體中，如舞會或其他開放性的聚會場合，往往會手足失措，不知要如何主動開始與人談話。這種人際上的退縮，使得他們不容易認識新朋友，與他人分享經驗，進而拓展自己的生活領域，因此，本身的社會支持網絡也較少。Jones 和 Carpenter（1986）的研究便指出，害羞者較不滿意他們的人際關係，而且在既有的友誼中，也比較缺乏忠誠、親密的夥伴。由此可見，害羞者的人際交往瓶頸，乃是形成個體寂寞感的重要來源。

第七章

害羞的輔導策略

　　害羞者產生害羞的原因有其個別性，因此，輔導的策略也
要多樣化。Molen（1990）曾以害羞的認知社會學習理論為基
礎，提出了治療害羞的方法，如圖 7-1。

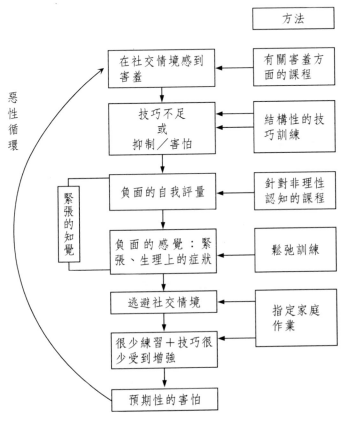

（引自 Molen, 1990, p.280）

圖 7-1　害羞的理論和治療方法

　　Molen（1990）提出這種結合認知和行為的治療方法，藉以
打破害羞的行為、想法以及緊張感覺之間的惡性循環。透過結
構性的社會技巧訓練來增加個體的社交能力；以認知重建技術
來去除個體的非理性信念，如對自我的負面評價及不合理的恐
懼害怕等；以鬆弛訓練來減輕個體的緊張，紓解生理上的症狀；
並且透過家庭作業的練習，使個體有機會在社交場合中練習新
的行為。

　　以下擬從認知治療、社會技巧訓練、肌肉鬆弛訓練、結合
認知與行為的治療方法，以及其他的害羞治療方法等五方面來
介紹害羞的輔導策略。

第一節　害羞的認知治療

一、前言

　　害羞者的消極認知乃是形成害羞的重要因素，Beck 和 Emery
（1979）指出了一些引起害羞或社會焦慮的扭曲想法和認知：
(1)別人會瞧不起我；(2)別人可以很容易看出我的焦慮；(3)在相
同的社會情境中，別人不會焦慮；(4)我的社會技巧不足，而且
有缺陷；(5)別人會拒絕我；(6)別人的贊許對我的自我價值感很
重要。認知治療乃是針對個體負面的消極認知，重建其自我形
象與信心。治療社會焦慮最常使用的認知治療法乃是認知重建

技術（cognitive restructuring），其他如理性情緒治療（rational emotion therapy； Ellis,1962）、系統的理性重建（systematic rational restructuring；Goldfried, Decenteceo, & Weinberg, 1974）、自我陳述改變技術（self-statement modification；Meichenbaum, 1977）和認知治療（cognitive therapy；Beck, 1976）等方法，雖然在技術上有一些不同，但它們都有一個共同的目標，即改變個案的負面認知。通常，認知治療是在協助個體去了解自己的非理性信念、期望，以及促使他無法適應社交情境的負面想法或自我陳述。治療的重點放在改變個體扭曲的想法，以及自我挫敗（self- defeating）的認知，並讓他們發展出更具適應性的思考方法（Goldfried,1979）。

二、認知治療策略

害羞的認知治療法可以透過小團體的方式來進行，所使用的治療策略大約可以分成以下幾個步驟：⑴提出認知治療的理論基礎；⑵重新去認知特定的非理性信念；⑶知覺到自己的想法和信念；⑷學習去駁斥和挑戰這些負面、不實際的自我陳述或非理性信念；⑸開始去分析不實的邏輯；⑹發展利於對抗負面的自我陳述和更合理的解釋或信念（Glass & Shea,1986）。

以下擬對各個步驟加以簡介。

㈠提出認知治療的理論基礎

首先由小團體的領導者向個案解釋治療的理論基礎，使其

對認知治療能夠有所認識，內容包括害羞的感覺乃是來自於我們思考的方法、對社會情境的錯誤評估與解釋，以及內心對負面結果的恐懼等。

(二)重新去認知特定的非理性信念

在開始讓個案思考自己的想法以前，Goldfried 建議先討論各種的非理性信念（Goldfried & Davison,1976）。例如需要被愛或要求完美……等。以下筆者列出五項害羞者常見的非理性信念：

1. 過度要求贊許：我們需要獲得周遭每個人的喜愛。
2. 過高自我期許：一個人必須能力十足，才是個有價值的人。
3. 不當挫折反應：如果事情不是自己所期待的，則是件很糟糕的事。
4. 過度焦慮：我們必須時時憂慮可怕的事情可能會產生。
5. 無法改變：過去的經驗對個人的影響是永遠不會消失的。

領導者可以透過角色扮演讓個案學會區別應該（should）、必須（must）與更合理的描述（如被贊許或做好一些會更好）之間的差別，引領團體成員去省思自己在社交情境中的非理性信念。

(三)知覺到自己的想法和信念

當個案開始在小團體中與成員互相分享和討論他們在人際互動中所感到的焦慮時，領導者便可以協助個案去了解他們對自己的期望，以及他們在人際互動中對自己行為的自我對話

（self-talk），領導者可以要求個案在真實的社交情境當中觀察自己的想法、行為與焦慮的程度，讓個案了解他們的「想法」和「焦慮感」之間有何關係存在。當個案發現自己在社交情境中的負面想法和信念時，便可以學習去改變思考的方法，進而改變他們內心的感受。此階段領導者最主要的工作，乃是提供情境，讓個案在小團體中練習知覺自己的各種負面想法。

㈣學習去駁斥和挑戰這些負面、不實際的自我陳述或非理性信念

使用教學媒體有助於駁斥非理性信念的學習，Glass、Gottman和Shmurak（1976）曾使用錄影帶，來呈現示範者在十一種個體感到害羞、焦慮的社交情境時，他的內在語言及用以對付情境的策略。首先在情境描述之後，示範者說出一系列的負面自我對話，然後，逐漸地，示範者知覺到這些自我挫敗的想法（self-defeating thoughts），並且勇敢地面對它們，以更積極的自我對話來取代消極的想法。透過錄影帶的示範，可以讓個案更清楚地了解如何去駁斥這些非理性信念。

㈤開始去分析錯誤的邏輯

駁斥想法最有效的技巧之一，就是分析邏輯上的錯誤關係。領導者可以挑戰個案的下列信念：「我是被注意的焦點」和「別人可以很敏銳地知覺到我的焦慮或害羞」。領導者可要求個案提出「自己是注意的焦點」之證據，或是要求個案去觀察他人的反應，進而體驗到人們無法敏銳了解他人感受的事實。經由

團體成員的回饋，可以證實自我評價和實際行為表現之間的差異。Trower、O'Mahoney和Dryden（1982）建議，可以讓個案將每天的社交行為寫成日記，以便收集證據來駁斥他們的負面思考形態；因此，在進行認知治療時，領導者可以指派家庭作業，讓個案有機會去收集證據以驗證他們對悲劇（災禍）的預測是否真實。

㈥發展利於對抗負面的自我陳述和更合理的解釋或信念

經由團體成員的共同討論，可以促使個案產生對抗負面自我陳述的想法，發展出適合自己的積極性認知。不過，對某人有效的想法，另外一個人不一定適用，因此，領導者要鼓勵個案在真實的情境中加以試驗。另外，領導者也可以利用角色扮演，讓個案在一個安全且相互支持的情境中，練習駁斥負面的想法，而代以積極正向的認知。

在臨床與實徵研究上有愈來愈多的發現支持：個案的害羞經驗和他們對社交情境的不適切知覺及思考方法有高度相關（Cheek & Briggs, 1990； Leary, Kowalski, & Campbell,1988；Zimbardo, 1982），而這也顯示出認知治療在處理害羞問題上的重要性。

（本文摘述自原發表於「輔導季刊」第三十三卷第二期的部分內容）

第二節 害羞的社會技巧訓練

一、前言

Loxley（1978）指出，不良的社會技巧乃是造成害羞的原因，而Molen（1990）也認為，社會技巧的不足是讓個體一直持續害羞的重要因素。因此，針對那些缺乏社會技巧的害羞者，應給予社會技巧訓練，教導他們在社交情境當中，如何與他人互動。

二、社會技巧的內容

Eisler 和 Frederiksen（1980）將社會技巧的內容分成語言技巧、非語言技巧以及動作與姿態等要素。以下擬針對此三要素作一說明：

(一)語言技巧要素

包括下列六個技巧：

1.適當的請求

即直接對別人說出自己需要被協助的事情，而不會去威脅

別人或是向別人施壓。例如：「如果你今晚能幫我買便當，我會很感激你」。

2.拒絕要求

明確地說出自己無法接受要求的理由。例如：「很抱歉，我今晚不能幫你買便當，因為我已經跟別人約好要一起吃飯」。

3.讚美別人

直接對他人本身或是他的言行說出自己正向的情感。例如：「你剛剛讓座給那位孕婦，我很欣賞你的表現」。

4.給予負向的回饋

清楚指出你對某人所作所為的不滿或是不贊同之處，順便指出對方要如何改善他的行為，例如：「我覺得你剛才說話的口氣很差，如果你態度好一點，也許不會造成這種結果」。

5.表達同理心

表達出你對他人的了解，但不一定要接受對方的意見。例如：「我了解你很難過，但是我想提出一些個人的看法」。

6.要求別人給自己回饋

開放且誠實地要求別人表達出對你的看法。例如：「你覺得我剛剛的表現如何？」

(二)非語言技巧要素

包括下列五個技巧：

1.眼神接觸

即說話或是傾聽時直接注視對方的眼睛。

2.微笑

在和別人談話時，要適切表示自己的喜悅。

3.講話的聲調

和別人講話時聲調要適中，不要太高太低。

4.講話的頻率

講話時不要有太多不當的停頓或是口頭禪。

5.情緒的語調

講話時情緒上的起伏不宜太激烈。

㈢動作與姿態要素

包括下列四個技巧：

1.姿態

能保持開放且放鬆的身體姿態。

2.手勢

講話時能依照談話的內容適當地使用手勢。

3.點頭

傾聽對方講話時能適切地點頭，以表示專注或同意對方說話的內容。

4.面部表情

能保持面部表情的活潑。

三、社會技巧的訓練

社會技巧訓練主要是在小團體當中透過教導、示範、角色扮演、增強、回饋及家庭作業等方式,來教導害羞者社交的技巧。以下擬將其加以簡介:

㈠教導

領導者透過視聽媒體或各種教材,用直接教導的方式讓團體成員了解人際互動的各種要素。

㈡示範

由領導者實際示範出適切的社會技巧行為,以為團體成員仿效。

㈢角色扮演

在團體當中提供安全的情境,讓團體成員親自加以演練各種社會技巧。

㈣增強

當團體成員的社會技巧有進步時,領導者要適時地給予讚

賞，以維持成員學習的動機。

(五)回饋

透過領導者或是團體其他成員的回饋，可以讓成員了解到自己社會技巧的進步情況。

(六)家庭作業

家庭作業可以提供團體成員在真實情境中嘗試所學習到的社交行為，有助於成員將團體當中的行為類化到真實的情境當中。

第三節　害羞的肌肉鬆弛訓練

一、前言

肌肉鬆弛訓練是最常用來消除個體緊張焦慮的方法，其原理乃是透過刻意的緊繃肌肉再放鬆的方法，藉以消除肌肉的緊張狀態。針對容易在社交情境中感到焦慮的害羞者，如果能給予肌肉鬆弛訓練，便可以降低個體的緊張度，提升其社交的表現能力。

二、肌肉鬆弛訓練的方法

肌肉鬆弛訓練的步驟是先把某一部分的肌肉緊張起來，再加以放鬆，在一開始可能需要較長的時間才能完全放鬆肌肉，但是熟練之後便可以縮短時間，透過肌肉一緊一鬆的練習，使個體保持心理上的鬆弛。

在實施肌肉鬆弛訓練時，首先要讓個案坐在舒服的椅子上，房間要安靜、燈光要柔和，一般放鬆肌肉的順序是由手部的肌肉開始，一直到腳部，黃正鵠（民 78）所提出的放鬆技巧，其順序如下：(1)呼吸練習；(2)雙手握拳；(3)雙手平伸；(4)雙臂彎曲；(5)雙臂上舉；(6)前額；(7)眼睛；(8)面頰、嘴唇與下巴；(9)牙齒；(10)肩部；(11)背部；(12)胃部；(13)腿部；(14)腳部；(15)輕鬆行走；(16)全身放鬆。練習時，首先將要放鬆的部位肌肉緊繃四秒鐘，然後再暗數一到四秒，逐漸將其放鬆，每個部位依序都由緊繃到放鬆各做兩次，才算完成一次循環的練習。

市面上有很多肌肉鬆弛的專書或是錄音帶，讀者如果有興趣，可以自行購買參閱。

第四節　結合認知與行為的害羞治療方法

一、前言

　　雖然使用認知治療可以降低個體在社交情境的焦慮和逃避性行為，促使其更常與他人互動，進而擁有學習新社交技巧的機會，不過，單使用認知治療對所有的害羞者並無法完全奏效，特別是那些社交技巧不足的人，因為有些個案需要更直接的行為教導，即社交技巧訓練。如果害羞者本身不僅具有負面的認知，也缺乏社交技巧，那麼治療的方案最好能兼顧認知和行為兩種內容。

二、結合認知與行為的害羞治療方法

　　以下擬介紹 Arnkoff、Glass、Mckain、Shea 和 Greenberg（1984）針對害羞成人所設計，結合認知和行為的治療方法。

對害羞成人為期八週的認知─行為治療團體

第一週：

　1. 認識團體成員。

　2. 分享參與此團體之理由。

3.分享每天生活和角色扮演期間的害羞經驗。

4.討論此方案的認知－行為理論基礎。

5.指定工作——每天至少記錄一個社交情境中的想法。

第二週：

1.討論家庭作業。

2.討論「消極的自我陳述」和基本的「非理性信念」在促成社會焦慮的因素中所扮演的重要角色。

3.分析某些特定情境中的想法和信念。

4.工作指派——監控社交情境中自己的消極想法和信念。

5.在每一個情境中如何覺察自己。

第三週：

1.討論家庭作業。

2.發展對抗性的自我陳述並學習駁斥不適合的信念。

3.在特定的情境中練習自我的覺察並挑戰負面的認知。

4.指派工作——記錄社會情境中的消極想法和信念，以及用以代替消極想法的積極想法和信念。

5.列出對抗消極想法的最好想法。

第四週：

1.討論家庭作業。

2.集中於覺知並還擊毀滅性的預期性想法。

3.處理情緒上不安的感覺。

4.增加練習並複習認知的重建。

5.指派工作──選擇一個適度困難的情境，用以練習認知的對抗。

第五週：

1.討論家庭作業。

2.複習社會技巧理論。

3.教導引起並維持談話的技巧──反應、回答、要求和注意、了解等指導方針（Watkins,1972）。

4.示範和練習。

5.指派工作──和朋友練習開始談話並維持對話的技巧，並找一位認識的人或陌生人再做練習。

第六週：

1.討論家庭作業。

2.複習先前談話的指導方針。

3.教導用心經營人際關係與結交朋友的原則。

4.討論如何去計畫與如何和別人主動交談。

5.示範和練習。

6.指派工作──去知覺那些妨礙你開始行動的想法，並挑戰這些想法，接著計畫並主動個別與一位異性及同性進行一對一的互動。

第七週：

1.討論家庭作業。

2.區分攻擊、肯定及不肯定的行為。

3.討論為什麼人們會不能自我肯定，以及自我肯定的好處。

4.透過示範和練習使個體了解個人的權利，並做出更肯定的行
  為反應。

5.指派工作──覺知妨礙自己更肯定的認知，並練習去對抗它們。

6.在這個禮拜當中至少要在一個情境中試著做出更肯定的反應。

第八週：

1.討論家庭作業。

2.練習社交技巧和對抗的策略。

3.團體成員分享改變後的經驗。

4.活動即將結束的感觸。

5.活動結束之後，有什麼是自己可以持續去做的……等等。

　　上述所使用的處理順序也可以有所權變，在每一個階段皆
著重在技巧和認知的結合，有時也可以增加鬆弛訓練或是系統
減敏感訓練。

　　總之，輔導人員在進行害羞治療之前，需要先了解個案的
認知情況，以及他的社交技巧，進行評估之後再依個案的情況
設計出適切的輔導方案，如此，才能收到事半功倍之效。

　　（本文摘述自原發表於「輔導季刊」第三十三卷第二期的
部分內容）

第五節　其他的害羞治療方法

　　除了上述的治療方法，筆者尚蒐集到兩種害羞的治療方法，即人際過程訓練（interpersonal process training）和自我知覺理論（self-perception theory）在害羞上的應用。

一、人際過程訓練

(一)前言

　　Alden 和 Cappe（1986）曾經指出，害羞者經常會有一種痛苦的自我知覺（painful self-consciousness），他們將注意力專注在別人對他們行為的可接受性（acceptability）上，因而導致不斷地自我觀察和評量，他們不斷評估自己、問自己：「我是否符合別人所期望的標準？」這種以自我為注意的中心（self-focused attention）及負面的自我評量（negative self-evaluation），增加了害羞者的焦慮和行為上的抑制（behavioral inhibition）。

　　研究文獻指出，要發展一個處理害羞的策略，必須達到以下四個目標：(1)增加害羞者的社交監督技巧，即鼓勵個案追尋正在進行的互動關係，使他的行為可以和夥伴相互配合（一致）。(2)提供個案發展親密關係的完整策略。(3)提供害羞者一種社交上的哲學，使其了解到在社交互動中，與其一直注重自

我表現的好壞，倒不如表現出對他人的尊重和人際敏感度，才是更為重要的。(4)使個案可以集中注意力在與工作相關的訊息，即與他互動的人身上，而改變他全神貫注在自我評鑑上的傾向（Alden & Cappe, 1986）。

從臨床上的文獻顯示：上述這些觀點在人類關係訓練（human relations training, HRT）中皆被提及。此種訓練技巧中的主動傾聽和同理反應，都需要個案監督他人的行為，並且從事以他人為導向的反應。它也似乎能使個案在這種活動中，導引他的注意焦點遠離自我的評鑑，專注在社交情境的互動行為。

(二)人類關係訓練

人類關係訓練的人性哲學強調敏感性（sensitivity）、尊重和注意他人的感覺，預期可以降低害羞者因經常注意自己的行為表現所產生的焦慮。四種人類關係訓練的技巧為：積極傾聽（active listening）、同理反應（empathic responding）、對他人的觀點給予溝通性的尊重，以及自我坦露（self-disclosure）（Alden & Cappe,1986）。茲將其介紹於後：

1. 積極傾聽

教導個案心理上的專注，即小心傾聽別人的暗示性訊息，以及生理上的專注，也就是在互動進行中鼓勵他繼續其語言和非語言行為。

2. 同理的反應

教導個案去認識別人的感覺，並將此了解傳達給對方。

3.對別人的觀點給予溝通性的尊重

尊重乃是認同他人的觀點，並傳達對那種情況的接受，而不須同意他人的觀點。溝通性尊重包括教導害羞者如何表達自己觀點的方法，以及如何不忽視他人的需求。

4.自我坦露

教導個案辨認別人坦露、親密的程度，並加以配合，或使自己變得更開放，以增加互動的親密性。自我坦露可以提供害羞者一個主動參與互動的策略，而不只是便於談話的進行。

(三)人際過程訓練

Alden 和 Cappe（1986）以人類關係訓練為基礎，發展出人際過程訓練方案，此方案乃是由「漸進的暴露在個體感到害羞之情境」和「技巧訓練」程序所結合而成的。處理的架構方面可以分成以下四個步驟：

1. 對個案進行肌肉鬆弛訓練。
2. 由個案評估對他們而言感到困擾的社交情境，並且依害怕的程度排序。
3. 在技巧訓練之後呈現互動的技巧，治療者教導個案如何將一個技巧有效地運用至各種社交情境中。接著個案提出自己感到困擾的社交情境，由最不困難的情境開始練習，試著將社交的策略應用至特定的情境中。
4. 每一個禮拜個案選擇一些社交情境實地加以練習，個案向團

體詳細提出他們應用人類關係訓練至社交情境的情形和結果，並且由團體給予回饋和支持。

　　無論從實徵或是理論層面而言，研究文獻大都顯示：「注意的焦點」在個體的害羞上扮演非常重要的角色（Cheek & Melchior,1990；Crozier,1982；Melchior,1990），因此，在設計處理害羞問題的策略時，宜注重改變害羞者以自我為注意焦點及評量（self-focused attention and evaluation）的傾向。而人際過程訓練可以轉移害羞者的注意焦點，進而降低其焦慮和抑制性的社交行為，值得輔導專業人員去進行更多的探索與試驗。

　　（本文摘述自原發表於「學生輔導雙月刊」第五十四期的部分內容）

二、自我知覺理論在害羞上的應用

(一)前言

　　傳統上認為，降低個體的害怕可以導致趨近行為的增加，而使逃避行為減少；然而，自我知覺理論（self-perception theory）的觀點卻相反，它認為趨近行為的增加或逃避行為的減少可能會降低個體的焦慮。此外，傳統的看法，假定個人不從事社會互動的原因，乃是因為缺乏必備的社交技巧或者是本身所具有的負面態度或情緒狀態使然；而自我知覺理論則認為，個體可能因為沒有從事社會的互動，而知覺到他們是害羞的人，亦即

覺得自己沒有社會技巧，因而伴隨著負面的態度及情緒（Haem-
merlie & Montgomery, 1986）。

(二)自我知覺理論在害羞上的應用

　　F. M. Haemmerlie 是第一位將自我知覺理論應用在害羞問題
處理上的臨床心理學家。他使用一系列傳統的臨床處理方法（如
理性的重建、理情治療、系統減敏感法、行為的預演和支持性
治療）來治療很多有社交恐懼的個案，但是，處理的效果卻不
彰，然而透過家庭作業的指派，要求個案在真實世界中去參與
各種不同的社交情境，當個案有了成功的家庭作業經驗之後（特
別是與異性互動），通常會突然變得比較好，而且個案本身表
示已不再需要接受治療，因為個案已經奇蹟似地痊癒了。Haem-
merlie 認為，如果這些個案具有代表性，那麼解決害羞問題最
直接的方法，可能只是使個案在「被小心重新安排」的情況下，
與一些陌生人進行愉快的談話，而不是花時間在談話性的治療
（talk therapy）、行為演練和系統減敏感的練習。

　　自我知覺理論對害羞的處理，乃是包括一系列已事先計畫
好的社會互動，在這一系列的互動中，個人的表現完全決定於
他們自己的行為和能力，而不是決定於環境的限制（如治療、
情境或輔導者的特性），互動時需要讓受試者感到很自然，而
且和他互動的人所表現的行為也要自然不虛假，而輔導者的介
入也要盡量減少，否則個案會將正向的行為表現歸因於環境的
限制或者是與他互動的人，而非他們自己。這種事先設計好的
社會互動情境，會讓個案認為自己擅長於社會的互動，本身並

沒有害羞的問題存在（Haemmerlie & Montgomery, 1986）。

　　有三個研究依照自我知覺理論的觀點來進行（Haemmerlie, 1983；Haemmerlie & Montgomery, 1982, 1984），受試者在一天中分別接受兩個時段的處理，每次每個人都與一位異性的研究同謀者進行六個系列的社會互動，每個系列維持十至十二分鐘。研究結果發現，在第一個研究中（Haemmerlie & Montgomery, 1982），那些具有異性焦慮以及很少約會的男受試者，並不曾察覺他們的焦慮正在被處理，他們只是認為自己正在做一項有關於調查兩人互動過程性質的心理學實驗。實驗結束之後，他們的異性焦慮真的顯著地降低了，而且六個月之後的後續追蹤也顯示研究的後續性效果。第二、三個研究也顯示，受試者的焦慮在一系列的測量上（如 the Situation Questionnaire and State Anxiety Inventory、生理上之測量……等等）也顯著降低。

　　（本文摘述自原發表於「諮商與輔導月刊」第一三九期的部分內容）

第八章

給家長及教育輔導人員的建議

在中國傳統的觀念中，非但不把害羞看成問題，反而認為那是乖巧的良好表現，因此，「沈默是金」、「乖就是聽話」……等觀念，從小便深深地烙印在我們的腦海裡，然而，研究顯示，害羞對個體有很多負面的影響，而國內學者專家對它的研究與探討也極為有限，更遑論比照國外的做法，為不同原因的害羞者制定一套個別化的適性輔導策略。因此，筆者在此呼籲家長及教育輔導人員宜正視害羞的問題。以下筆者擬針對家長及教育輔導人員兩部分提出建議，以為參考。

第一節　給家長的建議

家庭是個人最早接觸的環境，因此，對個體的影響極為深遠，Berman（1999）、Malouff（1998）、Zimbardo和Radl（1981）都曾針對家有害羞兒的家長提出一些建言，以下筆者擬針對所蒐集到的資料，以及個人的淺見，就家長應有的態度和作法兩方面提供一些建議。

一、家長應有的態度

(一)無條件的愛

雖然有人說父母對孩子的愛是無條件的，但是，有些父母親的言行舉止卻讓孩子覺得他們的愛是有條件的，例如，有些

父母偏愛那些資質好、表現佳的孩子，對於那些能力不佳、功課不好的孩子，總覺得他們讓自己汗顏，無形中對他們的態度就會有所不同。孩子是敏感的，當他們知覺到父母對他們的愛是建立在成就表現的基礎上，他們會覺得父母的愛是有條件的。

　　害羞的孩子對於別人的情感或態度非常敏感，一旦感覺自己無法獲得父母的愛，他們的自信心將會日漸腐蝕，因為一個連父母愛都無法獲得的人，他又怎敢奢望別人來愛他呢？而為了獲得父母有條件的愛，害羞的孩子會將注意力放在「如何被父母所認可及接納」上，將父母視為一個時時刻刻在審視自己言行的權威者，因而形成錯誤的信念，認為別人隨時都在評量自己，也造成對權威者的恐懼，而這種信念也是造成害羞者日後人際上困難與障礙的主要原因。

㈡給予孩子自立的機會

　　父母無條件的愛並不是指幫孩子做好一切日常生活的工作，而是適度地給予孩子學習的機會，鼓勵他做自己能力範圍之內的事務，只要孩子有進步即給予贊許，而失敗了，也能接納他曾經有過的努力，勿一味責怪。在態度上讓孩子知道，你和他是站在同一戰線上的，你永遠是那個支持與鼓勵他的人。

　　有些父母為了滿足自己「被需要」的內心需求，將孩子的一切打點得非常完善，以為這樣就是為孩子好，然而，這樣反而剝奪了孩子學習的機會。聰明的父母知道他們沒辦法照顧孩子一輩子，因此，要隨著孩子的成長，逐漸教他們學習去照料生活上的一切。例如，小時候鼓勵他收拾自己的玩具、穿鞋子、

清理自己的房間，長大後慢慢給他自己抉擇的機會（如要穿什麼衣服、買什麼東西……等等），教他為自己的選擇負責的態度，父母僅在一旁協助與督導，而不要完全為孩子做選擇。

當孩子逐漸學會自己做某些事情時，他的自信心便會日漸茁壯，因為他產生了自我控制感，覺得自己可以去操控生活中的事物，不再感到無助，甚至有能力去幫助別人。害羞的人經常擔心自己沒辦法掌握人際的互動關係，在社交情境中他們是被動與無助的。如果能從小就給孩子學習自立的機會，讓他在自立中獲得成就感與自信心，便能降低他們內心的無助感，而當孩子發揮自己的能力去幫助別人時，則有助於孩子在人際互動中將焦點放在別人身上，以降低害羞產生的可能性。

(三)以平常心面對孩子的成敗

父母有時會在無意之間將孩子的才能當成炫耀的對象，假如孩子會彈鋼琴或是跳芭蕾舞，當有人到家中作客時，父母往往會要求孩子在客人面前彈首曲子或是來段舞蹈表演，如果孩子欣然答應還好，不過，大部分的時候往往是孩子躲起來不敢出面，或是很羞澀地完成了父母的要求。其實，父母過分強求孩子在陌生人面前表現自己，只會使孩子更退縮，甚至造成孩子害羞怕生的人格。父母應有的態度是該先尊重孩子的意見，當他覺得很勉強時，絕對不要強迫他，這只會造成反效果。美國研究害羞的專家 Zimbardo 曾說過，當孩子在某項技能上有特殊天分時，父母親必須馬上做的一件事就是不要炫耀，以免造成孩子的害羞。

另一方面，父母對孩子的失敗應以平常心面對，讓孩子了解失敗的可能性，而對他曾有過的努力要給予贊許，告訴孩子成功乃是一連串失敗之後所累積出來的成果，而人的一生難免會有失敗的時候，重要的是從失敗中記取經驗與教訓，以作為下次行動的借鏡。有些父母對於孩子的失敗比孩子本身更在意，電影「鋼琴師」中的情節讓人印象深刻，男主角大衛小時候參加鋼琴比賽沒有得到第一名，在回家的路上父親拒絕和大衛講話，而大姐也從父親的面容推知弟弟落選了。常云：「失敗為成功之母」，孩子需要從挫敗中累積經驗，因此，當你的孩子無法達成目標時，記得要鼓勵他、安慰他，只有當父母能以平常的態度看待失敗時，孩子才不會形成害怕失敗的心理，也才能有冒險試驗的勇氣，而這也就是害羞的人最缺乏的特質。

二、家長應有的作法

(一)給予孩子時間去適應社交情境

害羞的人就像一部需要比較多時間去熱機的機器，Carducci（2000）曾說，害羞者需要比一般人還要多的時間去適應新奇或有壓力的情境，包括每天日常生活上與他人的對話和人際上的社交聚會。國內的教育心理學專家鍾思嘉博士也將害羞的孩子比喻成深藏在蚌殼裡的珍珠，需要父母的愛心、耐心與溫柔，才能使孩子打開蚌殼，展露珍珠般的燦爛。因此，對待害羞的孩子要有耐心，急切的態度與做法只會使害羞者更加退縮，正

如鍾思嘉博士所言，急於打開緊閉蚌殼、逼珍珠出殼的方法，不但會使珍珠更加深鎖在殼中，而且使得它失去往日的光澤，甚至永遠也無法讓珍珠有閃爍光芒的一天（鍾思嘉，民81）。

如果你有個害羞的孩子，請記得保持你的耐性，用漸進的方式引導孩子逐漸走入社交情境，切勿操之過急，以免嚇壞了他。譬如，你可以先讓孩子在一旁觀察別人的互動關係，待他想進入情境時，再介紹他進入，而不是一開始就強迫他要和別人玩在一起。如果家中有朋友來訪，可以先讓孩子適應一下陌生的訪客，再要求他與客人談話，而帶孩子至親友家作客時，也可以先讓孩子熟悉一下環境，再引導他與友人或友人的孩子互動。

(二)避免給孩子貼上害羞的標籤

當孩子在別人面前表現羞澀之情時，父母往往會說：「很抱歉，我們家的××很害羞」。然而，父母卻不知道自己的這種說法，已經給孩子種下了害羞的禍根。教育心理學中所謂畢馬龍效應（pygmalion effect），即指個人的行為表現常傾向受別人預期的影響；別人期望他如何，他果然就會變得如何（張春興，民78），這也就是所謂的自我應驗的效果，當孩子覺得父母預期他是個害羞的人，則他的行為表現也會更害羞。因此，父母應該避免在孩子的面前說他是一個害羞的人，以免孩子產生自我應驗的效果。而當別人在孩子面前說他害羞時，父母可以解釋說：「我的孩子有時需要一點時間來熟悉陌生的人、事、物。」以免孩子被標籤化。

(三)對孩子揭露自己害羞的經驗並表達出同理心

　　國外的研究顯示，讓害羞的人知道害羞這個問題不是只有他一個人才有的困擾，這種訊息的傳遞就可以對害羞發揮治療的效用，因為，他讓害羞者知道他並不孤單。因此，父母可以和孩子分享自己的害羞經驗，因為當孩子知道連大人都曾有過害羞的現象時，他的內心會好過一些；而且，孩子也比較能將自己的害羞原因歸為情境上的因素，而不是將害羞經驗視為自己的一種人格特質。另外，父母也要對孩子的害羞經驗，表達出同理心，讓孩子感到被了解與接納。Malouff（1998）指出，如果父母能和孩子分享自己克服害羞的心路歷程，則可以給孩子一個強而有力的學習榜樣，有助於孩子克服害羞的心理。孩子都很喜歡聽父母的成長故事，如果父母能揭露自己在成長過程中所碰到的困境，以及如何努力去突破這種限制，不僅能拉近親子關係，增進孩子解決問題的能力，也可以破除孩子視父母為完人的錯誤心理，降低孩子對權威者的恐懼。

(四)父母本身要以身作則，表現出適切的社會技巧

　　父母是孩子的活教材，父母的言行舉止往往成為孩子學習的目標。因此，如果父母希望自己的孩子具備社會技巧，那麼父母本身便要先做好榜樣。在與他人互動時，要表現出良好的社交技巧與愉悅的神情，讓孩子感覺到參加社交活動是件快樂的事情，並從中學習到父母的社會技巧。國外的研究指出，害羞的孩童往往有個害羞的父母親，孩子乃是父母的化身，因此，

當你抱怨自己的孩子害羞之前，請先思索一下自己是否也具有同樣的特質呢？如果是的話，那先從自己做起吧，當你走出害羞的情結時，才能帶領你的孩子悠遊於人際互動的情境當中。

(五)提供孩子與他人互動的機會

雖然人是社會性的動物，但是並非天生就知道如何與他人相處，社會技巧是需要學習的。父母應該提供機會讓孩子與不同性別及不同年齡層的孩子互動，因為除了父母的示範之外，孩子可以透過與他人的互動來觀察與練習社交技巧。Zimbardo和 Radl（1981）指出，不同年齡層之間的人際互動對年長及年輕的孩子都有好處，年長的孩子在此情境中較自由不受威脅，也可以獲得年幼孩子所給予的贊許，有助於人際上自信心的培養；而年幼的孩子則可以學習到社交的技巧及與他人協商的經驗，因此，對害羞的孩子來說，引導他和比自己年紀小的兒童互動，會有較佳的效果。

父母在孩子的成長過程當中，應該提供他與同輩交往的機會，邀請親朋好友到家中聚會，或是帶孩子去拜訪親友、鄰居，讓孩子有機會參加社交活動或是加入同年齡兒童的遊戲中。另外，也要允許孩子以他自己的步調加入團體，切勿操之過急，引起反效果。如果孩子太過害羞，則父母可以邀請別的小朋友到家中來玩，因為家是孩子感到最有自信的地方，在孩子熟悉的環境下學習人際互動的技巧，對害羞的孩子而言，比較不具有威脅性。

㈥協助孩子逐步地練習社會技巧，並適時給予增強

父母在孩子社會技巧的學習上扮演一個很重要的角色，聰明的父母會採取漸進的方式讓孩子學會各項人際技巧，在孩子表現好時給予讚許，在孩子受挫時運用同理心接納孩子失望的情緒，並給他鼓勵與支持。

家有害羞兒的父母，可以角色扮演的方式來教導孩子社會技巧，透過示範、練習與回饋，讓孩子在輕鬆的氣氛下學習。另外，也可以用布偶來進行更多樣化的角色扮演，例如，孩子很喜歡趴趴熊，則可以設定一些主題，譬如趴趴熊上學篇、逛街篇、旅遊篇、交友篇……等等，再配合一些相關人物的搭配，如米老鼠扮演趴趴熊的老師、唐老鴨扮演他的鄰居、凱蒂貓扮演他的朋友……等方式，逐漸讓孩子透過布偶劇學習與周遭的人互動，而在每個主題結束之後，父母可以給孩子一些回饋，一方面讚許他的良好表現，一方面告訴他，剛剛那一個情節他怎樣做會更好，讓孩子能夠學到更成熟的社會技巧。

Malouff（1998）建議父母為孩子訂定具體的行為目標，譬如：每天至少和一個陌生人說一句話、在全班面前講話、和其他孩子一起遊戲，或是問老師一個問題。不過，所設定的目標要漸進式的，先讓孩子熟悉情境和人物之後，再讓他們去練習，逐漸讓孩子暴露在不熟悉的情境和人群中。當孩子的社會技巧有進步時，父母要適時地給予增強，以強化孩子的學習動機，增強的方式可以是物質性（如給予孩子想要的食物或獎品……

等等）或是社會性的（如拍拍孩子的肩膀、給予口頭上的讚美……等等），只要孩子有所進步，即使進步不多，父母也不要吝於讚美。

第二節　給教育輔導人員的建議

以下擬提出四點建議，以供教育輔導人員之參考。

一、運用筆者所發展的「害羞量表」對害羞者進行個別化評量，以便採取適性輔導策略

筆者有鑑於國內缺乏測量害羞的標準化工具，因此，乃著手編擬害羞量表，並建立大學生的常模。本量表經過嚴格的信效度考驗，可以有效地測量出個體的害羞特質。該量表將害羞分成行為、認知、生理及情緒四個層面，可以對個體的每個害羞成分予以詳細地評量。將評量結果對照本研究所建立的常模，則可以得知個體的害羞程度在同儕中的相對地位（蘇素美，民85）。在診斷出個體害羞的主要症狀之後，可以針對不同反應組型的個案，予以適性化的輔導。例如，在害羞「行為」層面得分較高者，可以給予社會技巧訓練；「認知」層面得分偏高者，則宜給予認知重建或理性情緒治療；而那些害羞症狀是在生理或情緒的個體，則可以教導他肌肉鬆弛的方法，或採用系統減敏感法來降低個體在社會情境的緊張、焦慮。如果，個案

顯示了多種的害羞症狀，則宜給予多重的輔導策略，如針對個案缺乏適切的社交行為，給予社會技巧訓練，並輔以理性情緒治療法，以降低個體的非理性信念及自我挫敗感。

二、對害羞的學生給予團體諮商，以降低其非理性信念，增進個人社會技巧能力

國內外的研究都發現，非理性信念、社會技巧和害羞有顯著的關係存在，因此，對於害羞的學生宜進行團體諮商，藉以去除個體對自己的不良信念，並增進其與人互動的社交能力。

在筆者所探討的四種非理性信念：要求贊許、高自我期許、過度焦慮、完美都和害羞有關（蘇素美，民 85），顯示害羞者確實具有較高的非理性信念，具高度的自我期許，希望能獲得每個人贊許的完美信念，因而在社會情境中易顯現出過度的焦慮，擔心自己沒辦法與他人溝通得很好，會在大家的面前出糗，這種認知上的預先設定，經常造成個體過度的情緒反應，以及行為上的失常。因此，應該讓個體了解到他的非理性信念所在，並針對其不合理的認知予以駁斥，使其對自己的社交行為表現應該要達到什麼程度，以及應該從別人身上獲得多少的贊許有合理的認知，以降低其對自我的負面評價、錯誤的歸因，以及扭曲事實的想法。

而針對那些缺乏適當與人相處能力的害羞者，則宜教導其社交的技巧，包括如何主動與他人談話、讚美別人、提出問題、對他人的行為給予適切的回應、自我表露、傾聽……等等，活

動的方式則可以透過示範及角色扮演方法來進行。首先，由輔
導員示範這些社會技巧，在成員做過數次的基本練習之後，可
以設計數種社交情境，讓成員進行角色扮演，待其熟練之後，
則指派家庭作業，讓成員將這社交技巧實際運用到日常生活上。
這種程序的進行，乃是考慮到害羞者對社會情境的恐懼，因此，
乃採逐步形成的方式，先提供安全、無批評的社會情境，待其
熟悉基本的社交行為後，再逐漸類化到日常生活中。

　　害羞者產生害羞的原因有個別差異存在，因此，輔導的策
略也應多樣化，如果害羞的原因主要是來自於個人的非理性信
念，則要進行理情治療，如果是缺乏社交技巧，則應給予社會
技巧訓練，不過，對於兼具非理性信念，又缺乏社交技巧者，
則宜併用兩種輔導策略，才易奏效。

三、教導害羞者人際互動的真義，降低其公眾自我意識與社會焦慮

　　筆者發現，公眾自我意識和害羞的認知症狀有高度的關係
存在；而社會焦慮則和害羞的行為症狀有緊密的關聯（蘇素美，
民85）。所謂的公眾自我意識，是指個人對別人印象中的自己
之覺知程度，包括自己的外表、穿著等外在行為印象，因此，
公眾自我意識愈高，愈在意別人對自己的看法。而社會焦慮則
是指，個人因害怕或擔憂在社會情境中會有不當反應或不良後
果，所產生的緊張或不自在的情緒，兩者密切相關。害羞者因
為非常在意自己留給別人的印象，因此，在社交情境中很害怕

自己會做出不當的行為反應，而在他人心中留下不良的形象。
這種憂慮的情緒，不只讓個體在社交情境中裹足不前，無法適
切與人交往，也會產生緊張焦慮的反應。

　　適度留意自己的外貌、穿著，保持整齊乾淨，不要邋遢，
不修邊幅，這是必備的人際禮儀，但是，如果過於重視自己的
外表、穿著，時時刻刻過度留意自己給別人的印象，將使個體
在與人互動時，無法將全部的注意力投注在社會情境中，因為
他一直認為自己在社會情境中是一個大家注意的目標，因而關
注在他人的評價上：「別人不知道如何看我？」「我給別人的
印象如何？」「別人會喜歡我嗎？」因此，在對害羞者進行輔
導時，必須讓他了解到：別人並不是時時刻刻都在留意著他，
大家在人際互動中，最注意的還是自己，而非別人，除非是在
面試的評量場合。因此，不用在一般社交場合中，太敏感於別
人會如何來評量你，說不定，有時他人並沒有知覺到你的存在
呢。釐清害羞者對人際互動的認知，並降低其公眾自我意識，
便可以讓他在人際場合中自然地表現自己，不用隨時擔心別人
會看到自己的缺失，進而減少其緊張不安的心理。

四、協助害羞者建立自信，拓展
社交生活，進而擴大社會的支持系統

　　國內外的研究皆顯示，害羞和個體的自尊與寂寞有顯著的
相關，由此可見，害羞的學生自尊心較低，也比較會感到寂寞。
害羞者對自己常抱持著負面的想法，而這種負面的自我評價、

緊張不安的情緒，以及人際上的挫敗，易引起個體的低度自尊。因此，教育輔導人員可以給予害羞者能力所及的工作，讓他從工作的完成中，獲得成就感，重建對自己的信心。另一方面，也可以設計一些安全的社會情境（如選擇較具耐心，不會隨便批評他人的同儕與他互動），讓害羞者在人際互動中獲得與人交往的快樂，再逐漸引導他走向一般自然的社交場合。

　　害羞者在社會情境中，不敢主動與他人接觸，因此，所認識的朋友較少，社會的支持網絡也小，無法與別人分享生活的經驗，易造成個體的寂寞。而害羞者在社交情境中不敢採取主動之因，有可能是來自個體的非理性信念，或者是社交技巧的缺乏，因此，給予個體適切的輔導（理情治療或社會技巧訓練）是必需的，另外，教師則可以透過座位的編排，讓一些比較主動、有耐心的同學坐在害羞者的附近，增加其與他人互動的機會，或者將具有害羞特質的學生組成一個小組，讓他們彼此認識，互訴心聲，如此，不僅可以拓展他們的生活圈，也可以讓他們彼此互相鼓勵，進而擴展其社會支持網絡。

第九章

對害羞者的建言

　　害羞者曾被比喻成禁錮在鐵面具之下的靈魂，或是被囚禁在荊棘叢生的城堡裡的人，可見害羞對個體的心靈自由有多大的妨礙。身為一個害羞的人，你一定很想要突破這種困境，以下筆者提出幾項建議，以供參考。

一、下定決心改變自己

　　改變自己需要很大的勇氣和毅力，不過，這也是邁向成功的不二法門。有很多害羞的人想要改變自己，但卻缺乏勇氣去做嘗試，他們從相關書籍得到不少有益的訊息與建議，卻無法把它應用到日常生活中，而有些人是實施了一些時日便半途而廢，前功盡棄，如此一再循環，卻無法竟其功。根本上，害羞的人大都是屬於閱讀型的人，他們蒐集了很多有關害羞的資訊，卻仍無法改善自己的害羞，只因為他們缺乏實地去試驗或冒險的勇氣啊！

　　如果你也曾一再努力，卻仍無法改善自己的害羞，試問你是否也如前述一般缺乏勇氣和毅力呢？如果你會翻閱這本書，表示你仍期待自我的改變，請不要再猶豫了，人生本來就是一場戰鬥，唯有努力去面對你的害羞，才能有所改善。法國詩人朗法羅曾言：「人生本是一場戰鬥，在戰鬥中不要做任人宰割的羔羊，要步伐昂揚，精神煥發。」俗云：「要怎麼收穫，就先得怎麼栽」、「一分耕耘，一分收穫」，如果你已厭倦了自己的害羞，並且深以為苦，請立即行動吧！再多的理論與建言，如果你不願去實踐，那一切都只是空談罷了！

二、破除你不合理的信念

從第六章第三節的分析可知，合理的信念通常是事實，可用證據來加以支持，它是一種需求或期望，可以幫助個體達成目標，將內在的心理衝突降至最低；然而，不合理的信念卻不是事實，它來自於不正確的前提，因而導引出錯誤的推論，它是一種命令，通常以命令、應該等強求之形式出現，不僅無法助人達成目標，而且會給個體帶來困擾的情緒。

以下筆者整理出害羞的人常見的幾項非理性信念，並針對這些錯誤的信念提出一些省思。

(一)過度要求贊許

每個人都需要得到生活環境中每一位重要他人的喜愛和贊許。

你是否覺得自己需要得到周遭所有人，包括師長、上司、朋友、鄰居……等人的喜愛呢？當你無法取得周遭所有人的贊許時，你是否會傷心難過，甚至責怪自己呢？當你獲得別人的贊許時，你是否一直擔心這種認同會持續多久？而別人對你的喜愛程度到底有多少？如果是的話，那你就具有這種「過度要求贊許」的非理性信念。

要獲得所有人的喜愛是個沈重的負擔，也是項不可能的任務，而即使被別人所贊許了，你是不是又會擔心這種好日子會

維持多久呢？為了能得到別人的愛，你必須專注在別人的喜好之上，隨時提醒自己要給別人留下良好的印象，這種為別人而活的日子，會使你逐漸成為「愛的俘虜」。聖經上曾說過：「一個人若賺得了全世界，卻失去了自己，又有什麼用呢？」因此，學著做自己吧，每個人都有他的優缺點，一個人沒辦法獲得所有人的讚賞，正如我們無法給周遭的每一個人都留下好印象一樣，因為，社交情境是極富變化的，而與人互動的方式是不能一成不變的，我們會在人際場合中與某些人相投緣，而某些人可能礙於價值觀念的不同，與我們只是點頭之交，這是很自然的結果。

(二)過高自我期許

一個人必須能力十足，在各方面都有成就，這樣才是有價值的人。

你是否覺得自己必須要在各方面都表現得很好，才能證明自己是有價值的呢？而當你覺得別人比你優越時，你是否會把自己貶損得一無是處，認為自己毫無價值呢？你是否會因為自己在人際上的挫敗，而認為自己是個無用的人呢？如果是的話，那你就具有這種「過高自我期許」的非理性信念。

如果你努力提升自己的能力，以獲得某種成就，那是很合理的，但是，如果你要求自己要在各方面都表現得很好，那就不合理了，因為，這世上沒有十全十美的人，每個人都有他的優點和限制，有些人擅長於人際關係，有些人的專長則是在文

書處理上。有研究顯示，害羞的人在社交場合中，會拿表現最
好的人和自己做比較，因此，往往自慚形穢，殊不知他只看到
某人的優點，而不知道那個人也有其他方面的缺失。如果你只
拿別人的專長和自己比較，那你的人生便注定是失敗的，試著
去了解自己的優缺點吧，唯有肯定自己的專長，接受自己的限
制，才能找到自己存在的價值，而不會被外在的評價所迷惑。
當你要求自己在各方面都要成功時，你會變得很焦慮，也很畏
縮，因為你會害怕失敗，因而不敢去嘗試。身為一個害羞的人，
你會很怕失敗，因為你認為失敗就等於否定了自己的價值，所
以，你沒有勇氣去做人際上的冒險，只採取保護性的自我表現
方式，避免不被他人所贊許，甚至事先為自己可能的失敗找藉
口，也就是顯示出所謂的自我設障行為。其實，人際技巧的能
力就是要透過互動來學習，唯有不斷從別人的回饋與自我的練
習當中，才能成就一個具社會技巧的個體。你這種害怕失敗的
信念，也是妨害自己成長的最大障礙。

㈢不當挫折反應

**事情都應該是自己所喜歡或期待的樣子。假如事情不是
自己所期待的或所喜歡的，那就是很糟糕的事。**

　　你是否認為事情都要在自己的期待範圍之內呢？你在人際
互動中，是否經常因為害怕自己無法表現得如預期般好，而退
縮不前？你是否覺得如果自己表現不佳，而在別人面前出糗，
是件很糟糕、很可怕的事呢？如果是的話，那你就具有這種「不

當挫折反應」的非理性信念。

　　雖然我們都希望事情的進展能在自己的掌握之中，但是俗話說：「人生不如意的事十之八九」，你又怎能奢望事事順心如意呢？如果你堅持這種信念，便很容易受到挫折，也會產生情緒困擾。身為一個害羞的人，你會刻意避開很多與人互動的機會，尤其是那種非結構性的聚會，如舞會或餐會等開放性互動的團體，因為這種團體的互動模式更為多元化，你很怕自己會表現不佳，人際互動的情況會超出自己的掌控之中，因此，你便會找出無數的理由來逃避這種聚會。殊不知，你也因此失去了成長與學習的機會。你可以換個角度去思考，與其苦惱、逃避，不如在參加聚會之前，先努力準備各種與人談話的話題，或者先模擬各種應對的技巧，你的努力將有助於社會技巧的增進，無論結果是否如你所預期，至少你有參加的勇氣，即使情況不佳，你也可以從這一次的活動學習到很多的經驗，以作為下次的參考。「走過必留下痕跡」，社會技巧的成熟，有待於你不斷的嘗試與學習，因此，把握學習的機會才是明智之舉。

㈣過度焦慮

　　對於危險可怕的事，我們必須非常關心，應該時時刻刻憂慮它可能會發生。

　　你的憂慮性是否很高？你是否經常會對未來的事情過度擔心？當你還沒進入社交情境之前，是否就已開始煩惱自己會給別人留下什麼印象，別人對你的評價不知道如何……等等問題。

如果是的話，那你就具有這種「過度焦慮」的非理性信念。

　　由於你的這種過度焦慮與擔憂，你在人際互動當中無法專注於彼此的談話，而是心中一直想著自己的生理緊張與別人對你的評價，這種不安的自我專注，擾亂了你的思緒，也影響到你社會行為的表現。你是否曾想過，這種憂慮不安只會使你失去原來的能力，讓你更無法有效地與人互動，甚至使自己變得語無倫次呢？人是應該考慮到危險可怕的事，並且好好計畫要如何加以避免，但是，過分的憂慮反而會讓我們無法有效去面對問題，失去了原有的判斷能力，因此，憂慮除了使我們感到難過之外，並沒有什麼好處可言，聰明的你，可要早日袪除這種不合理的想法啊！

㈤無法改變

　　一個人的過去經驗和歷史是對他目前行為極重要的決定因素，過去的影響永不消失。

　　你是否經常把自己的害羞歸因於父母的遺傳？認為自己過去既然是個害羞的人，現在也害羞，未來一定也會很害羞的，永遠沒辦法跳脫害羞這個桎梏的枷鎖，如果是的話，那你就具有這種「無法改變」的非理性信念。

　　身為一個害羞的人，你經常把自己的害羞解釋成那是父母的遺傳，無法改變，而這種解釋也為你推卸了很多責任，也是使你至今仍不願努力去改善自己害羞的原因吧！其實這是一個很不負責任的態度，雖然自己所遺傳的特質或是過去的經驗會

使你覺得要做某些改變是很困難的，但那並不是絕對無法改變的，你只是拿這個藉口來拒絕改變自己，或是用來當作逃避的合理化理由罷了。你這種把責任推給過去或他人，而不願對現在負責，不肯努力想辦法去改善害羞情況的做法，也是導致你情緒困擾或適應不良的主因啊！

如果你做了本書第五章第三節筆者所編的害羞量表，發現你的害羞「認知」層面得分很高，那表示你的害羞是源自於你的非理性信念，你得好好省思自己是否具有上述那些不合理的想法，如果你想要走出害羞的陰霾，那你得趕快祛除這些錯誤的信念，唯有如此，才能讓你的心靈獲得自由。如果你自己無法做到，那你可以去參加一些理性情緒治療的團體，主動尋求專業人士的協助。

三、克服你的社會焦慮

理性情緒治療專家 Ellis 曾說，大部分的焦慮都和愛的失落、當眾出醜及別人的反對壓力有關，有研究指出與焦慮有關的非理性信念有三：(1)想從他人身上獲得贊許；(2)過高的自我期許；(3)對未來的事情過度不安的關心（Goldfried & Sobocinski, 1975）。而研究害羞的專家 Zimbardo（1982）也指出，害羞的核心乃是個體擔憂被他人拒絕的不安全感，以及對失去認同的基本焦慮。這種焦慮是個人無法接受自己是一個有價值、有能力、能自我管理和自主的個體之原因和結果。這種焦慮伴隨著三種基本的害怕：(1)害怕在社交上表現不適切的行為，而顯示

了自己與他人的差異；(2)害怕失敗，而使得自己的無能被揭露；(3)害怕親密的關係，因其將個人真實的內在自我公開化，有被他人批評的可能。

　　你是否有上述的焦慮與害怕呢？Schlenker和Leary（1982）認為，社會焦慮最容易在我們想要在別人面前製造出一種特定的印象，可是卻又懷疑自己能力不足時產生。你是否經常在下列的情境中感到緊張呢？(1)你想要在別人的面前製造出某種印象，可是又不知道要怎麼做。(2)你覺得自己沒有能力去表現出想要塑造的形象。(3)感到某些事件即將會引起困窘，破壞了你在別人心目中的良好印象。

　　由上述的分析可知，身為一個害羞的人，你的焦慮大部分是來自於自己不合理的信念，擔心會在人際互動中表現出不適切的行為，顯示出自己的缺點與不足，因而被別人所拒絕，或者是破壞了自己在別人心目中的美好印象。這樣的焦慮有些是來自於社交技巧的不足，在人際互動的情境中，不知要如何表現自己，因而感到害怕（這部分將在第四部分討論），但有一部分害羞的人，雖然本身具有社會技巧，但是卻受困於那些不合理的信念，因而無法適切地參與社交活動。如果你做了本書第五章第三節筆者所編的害羞量表，發現你的害羞「生理」或「情緒」層面的得分很高，那表示你害羞的來源有大部分是因為自己的緊張焦慮所造成的，除了努力去克服你的不合理信念之外，尚須透過一些練習來降低你生理上的緊張度。以下筆者擬介紹兩種消除焦慮常用的方法，以供參考。

1. 肌肉鬆弛訓練

筆者在第七章第三節介紹過肌肉鬆弛訓練，它最主要是透過肌肉的一鬆一緊來達到個體心理鬆弛的效果，你可以在市面上買到相關的錄音帶，依照錄音帶的指導語逐步練習。通常是從手部的肌肉開始練習，一直到腳部，練習時要盡量讓自己全身放鬆，剛開始要做完全程所需的時間較久，但是，如果持續練習的話，就可以縮短時間，而且當你處在焦慮情境時，你比較能覺察到生理上的線索，並把自己的焦慮緩和下來，以便保持冷靜的思緒。不過，你一定要持續每天練習，不要一天捕魚三天曬網，否則效果便不易顯現出來。

2. 系統減敏感訓練

「敏感」是指過度的情緒反應。系統減敏感訓練乃是透過逐步讓個體暴露在焦慮的情境中，來降低其對焦慮情境的敏感度。一般而言，包括鬆弛的訓練、焦慮階層表的訂定及想像的演練。首先，你必須要學會前述的肌肉鬆弛訓練，在焦慮的情境中讓自己鬆弛平靜下來。接著列出令你焦慮的情境，並把這個焦慮的情境由最不焦慮到最焦慮的情況一一列出，並且以自己能想像的方式描述出來，描述時要愈真實、愈生動愈好。接著便進行想像的演練，從最不焦慮的情境練習起。先鬆弛自己之後，再想像令你感到焦慮的情境，如果在練習時感到焦慮，便停下來想辦法放鬆，待感到身心鬆弛後再繼續練習，如此逐步訓練，一直到能克服這個焦慮的情境為止。為方便你的自我訓練，以下便舉一實例加以說明。

　　如果你對上台報告會很緊張，你可以參考下列的步驟來降低自己的焦慮。首先，你必須做好肌肉鬆弛訓練。接著你必須依自己焦慮的情況，把「上台報告」這個情境細分成幾個不同焦慮程度的情境。例如從最不感到焦慮到最焦慮的情況依序如下：

情　　境	焦慮程度
1. 上台報告的前一天	20
2. 上台報告的前一個晚上	30
3. 上台報告當天早上	40
4. 上台報告前一個小時	50
5. 上台報告前半個小時	60
6. 上課鐘已響起	70
7. 老師已在走廊上	75
8. 老師已走進教室	80
9. 老師點到你的名字，請你上台報告	85
10. 你已站在講台上	90
11. 你已站在台上，並且開始報告	100

這十一個情境，你必須從第一個情境「上台報告的前一天」開始想像演練起。首先依肌肉鬆弛的方法讓自己放鬆下來，然後閉上眼睛想像著你明天要上台報告，當你感到焦慮時就停下來休息一下，待心情放鬆之後再想像這個情境，直到你不再感到焦慮為止。然後中間休息一下再進行下一個情境——「上台報告的前一個晚上」的練習。你想像的情境要很真實，愈接近現實的情況愈好。譬如第七個情境「老師已在走廊上」，你可以想像「老師現在已拿著課本走在走廊上，一步一步往教室走

來，腳步聲逐漸由遠而近，愈來愈大聲」。你想像的情境愈真實，愈能引發你的焦慮，也會使這個系統敏感度訓練的效果愈好。

你可以利用上述的方法來降低你在人際互動上的焦慮情境，如「會見異性朋友」、「對上司作簡報」、「上台自我介紹」、「向陌生人尋求協助」……等等，如果你自己無法獨立去進行，你可以尋求專業人員的協助，不過，最重要的是你要能持之以恒，毅力是你成功與否的最重要關鍵。

四、增進你的社會技巧

如果你做了筆者所編的「害羞量表」之後，發現你的害羞「行為」層面得分很高，那表示你害羞的原因，有一大部分是因為你欠缺適當的社會技巧所造成的，你必須要去學習與人互動的社會技巧，才能克服自己的害羞。以下列舉幾個增進社會技巧的策略。

(一)參加社會技巧訓練團體

如果你真的很欠缺與人互動的能力，筆者建議你去參加一些社會技巧訓練的團體，透過專業人員的教導與示範，再加上自己的練習，以及其他成員給你的回饋，如果你肯用心，定能有所成長。這種團體會教導你人際互動當中語言及非語言行為的技巧，並且營造出安全且相互尊重的團體氣氛，讓你在這種情境之下，練習人際技巧，也會指派一些家庭作業，讓你將團體中所學得的技巧應用到日常生活中。不過，如果你要從團體

中有所收穫，自己的努力也是很重要的，你必須要能主動、積極參與，把團體視為成長的工具，利用團體來練習新的行為，並將所學實際應用到日常生活中。

(二)事前的準備

自認為社會技巧不佳的人，在進入社會情境之前最好事先加以準備，以避免無話可說的窘境。例如，你要參加公司的聚會，你可以事先準備好一些話題，像天氣情況是最常被用來當作開場白的話題，而有關近日來的新聞焦點或公司近況也是個不錯的主題。如果你能事先了解互動的人的興趣，那麼你們互動的效果會更好，更可以拉近彼此的距離。如果你想要有成功的人際互動，事前的用心是必備的條件。

(三)事前的練習──角色扮演

人雖然是社會性的動物，但並不是天生就知道要如何與別人互動，你需要不斷的練習才能有成熟的社會技巧。因此，如果你要去參加面試，或者是會見異性朋友，你可以事先透過角色扮演的方式來練習。你可以找個人扮演上司或者異性，設計一些情境，由你和他來進行互動，如果找不到人幫忙，也可以利用空椅子的方法來練習，你可以將兩張椅子面對面放著，自己坐在其中一張椅子上，假想對面的空椅子就是那位上司或異性，模擬彼此間的對話，把你要說的話說出來，然後再坐到對面的椅子上，以對方的立場來回應你說話的內容。經由事前的練習與回饋，除了有充分的準備之外，也比較能有信心在互動

中表現適切的行為。角色扮演是練習社會技巧時最常使用的方法，你可以好好地加以運用。

㈣主動去參與社會活動

　　Carducci（2000）曾說，害羞的人一直以為害羞是存在他們自己之內的問題，但是，要解決害羞的方法卻是存在於自我之外，亦即一個個體必須透過與他人互動，將注意力放在別人身上，才能去克服他的害羞問題。有很多研究顯示，人際的社會網絡可以降低我們的壓力，對抗憂鬱的情緒，給予情緒上的支持，可以改善我們的身體健康情況，因此，害羞的你請不要再逃避，主動去參與活動，擴展自己的生活領域吧！以下簡述Carducci（2000）的研究內容，列出有名的成功者追尋什麼步驟來達到社交上的成功。

1.安排自己的社交生活

　　有名的成功者很重視社交生活，把它當成一件重要事情，不斷去練習如何與人交往，經常找機會與人群相處，也因而累積了豐富的人際經驗。

2.培養積極正向的想法

　　有名的人會抱持著積極正向的想法，凡事往好處想，也期待別人會對自己有正向的回應。

3.從事社交上的勘察

　　成功者會在人際互動之前事先蒐集資料，包括人們特定情

緒的表達、感興趣的話題、對方想要獨處或是有與人互動的空間等等。在互動中觀察別人的反應，並且積極去傾聽、回應。

4.掌握談話的時機

成功者會在傾聽、觀察之後，掌握適當的時機加入談話之中，他們不會去改變人們談話的方向，除非大家已無話可說了。他們會適時丟出一個開放性的問題，讓別人也可以加入這個話題當中，通常是和當天發生的事件有關的問題。

5.學習去掌握失敗

在人際互動中每一個人都有可能會被他人所拒絕，成功者不會把失敗視為是自己不可愛或沒有能力去結交朋友，而是歸之於很多其他因素，例如對方今天心情不好，彼此有誤解……等等。

6.掌握自己的情緒

社交情境很複雜，而且充滿各種變數，成功者會隨時留意種種語言和非語言的訊息，做正確的研判及回應。而他們對自己的情緒也能掌握得宜，尤其是憤怒、恐懼及焦慮等等負面的情緒，正因為能掌握自己的情緒，所以，他們會有較佳的人際應對技巧。

7.化解歧見

人與人互動難免會產生衝突，因此，學習去面對它是最重要的社會技巧，成功者不會與他人產生爭執，他們會道歉與妥協，和平地解決爭端。

8. 微笑

成功者會經常微笑，並且保持幽默感，即使在人生最黑暗的時刻，幽默感也能帶來光明的希望。

由上述的內容可知，一個在社交上很成功的名人，他們很重視社交生活，事先會用心做一些觀察，掌握適當的時機進入團體當中，他們會抱持著積極正向的想法，掌握自己的情緒，學習去面對社交上的失敗，經常保持微笑與幽默感，用和諧的方式來化解彼此的歧見。這些做法很值得吾等參考與效法。

總之，你必須要先了解自己害羞的原因為何，是缺乏社交技巧呢？還是在與人互動時太過緊張焦慮，以至於腦袋一片空白？或是你本身有太多的非理性信念存在，以至於干擾你表現出適切的社交行為？或者你根本不僅缺乏社交技巧又太過緊張，而且在你內心存有太多的不合理信念。其實這三者之間會有關聯存在，尤其是非理性信念往往會造成你的焦慮不安。所謂知己知彼才能百戰百勝，你要從自己最缺乏的部分著手，才能收事半功倍之效果。在此預祝你成功，也期盼你能持之以恒，將本書的建議落實在日常生活中，為自己打開另一扇自由的心窗。

📝 參考書目

一、中文部分

王政彥（民78）。溝通恐懼與學業成就、自我概念、自我坦露之研究。國立政治大學教育研究所碩士論文。

李茂興、余伯泉譯（Aronson, E., Wilson, T. D., & Akert, R. M.原著）（民84）。社會心理學。台北：揚智文化。

吳靜吉（民74）。害羞、寂寞、愛。台北：遠流。

吳松林（民79）。我國青少年非理性觀念及其相關因素之研究。政治大學教育研究所博士論文。

林天送（民89）。特殊基因缺陷≠天生的壞胚子。中國時報，5月7日，39版。

邱連煌（民70）。談自尊心與父母的職責㈠㈡㈢㈣。中央日報副刊，4月1-4日。

張春興（民78）。張氏心理學辭典。台北：東華。

黃正鵠（民78）。行為治療的基本理論與技術（十九），諮商與輔導，43，24-28。

黃信仁（民74）。社會技巧訓練對國小兒童社會關係之影響。中國文化大學兒童福利研究所碩士論文。

梁瑞珊（民87）。害羞特質、情緒狀態及訊息類型對選擇性注

意力的影響。中原大學心理學系碩士論文。

歐淑芬（民79）。**大學生之害羞與生涯發展之關係**。國立政治
　大學教育研究所碩士論文。

鍾思嘉（民81）。打開孩子羞怯的殼。載於金磊譯（Zimbardo,
　P. G. & Radl, S. L.原著）如何幫助害羞的孩子，1-5，台北：
　遠流。

蘇素美（民　84）。害羞現狀之探討。**學生輔導月刊**，*39*，
　104-111。

蘇素美（民85）。**害羞量表的發展及其相關因素之研究**。高雄
　師範大學教育學系博士論文。

二、英文部分

Alden, L. (1987). Attributional responses of anxious individuals to dif-
　ferent patterns of social feedback: Nothing succeeds like impro-
　vement. *Journal of Personality and Social Psychology, 52,*
　100-106.

Alden, L. & Cappe, R.(1986). Interpersonal process training for shy cli-
　ents. In W. H. Jones, J. M. Cheek, & S. R. Briggs (Eds). *Shyness:*
　Perspectives on research and treatment (pp.343-355).New York:
　Plenum Press.

Allport, G. W. (1937). *Personality: A psychological interpretation.*
　New York: Holt.

Arkin, R. M. (1981). Self-presentation styles. In J. T. Tedeschi (Ed.),

Impression management theory and social psychological research (pp.311-333). New York: Academic Press.

Arkin, R. M., Appelman, A. J., & Burger, J. M. (1980). Social anxiety, self-presentation, and the self-serving bias in causal attribution. *Journal of Personality and Social Psychology, 38,* 23-35.

Arkin, R. M. & Baumgardner, A. H. (1985). Self handi-capping. In J. H. Harvey & G. Weary (Eds.), *Basic issues in attribution theory and research* (pp.169-202). New York: Academic Press.

Arkin, R. M., Lake, E. A., & Baumgardner, A. H. (1986). Shyness and self-presentation. In W. H. Jones, J. M. Cheek, & S. R. Briggs (Eds), *Shyness: Perspectives on research and treatment* (pp. 189-203). New York: Plenum Press.

Arnkoff, D. B., Glass, C. R., Mckain, T., Shea, C. A., & Greenberg, J. M. (1984, August). Client predispositions to respond to cognitive and social skills treatments for shyness. In J. M. Cheek, *Shyness: Personality development, social behavior, and treatment approaches.* Symposium conducted at the meeting of the American Psychological Association, Toronto.

Arnold, A. P., & Cheek, J. M (1986). Shyness, self-preoccupation and the Stroop Color and Word Test. *Personality & Individual differences, 7*(4), 571-573.

Asendorpf, J. (1986). Shyness in middle and late childhood. In W. H. Jones, J. M. Cheek, & S. R. Briggs (Eds), *Shyness: Perspectives on research and treatment* (pp.91-103). New York: Plenum Press.

Asendorpf, J. B. (1987). Videotap reconstruction of emotions and cognitions related to shyness. *Journal of Personality and Social Psychology. 53,* 542-549.

Avery, A. W., Haynes-Clements, L. A., & Lamke, L. K. (1981). Teaching shy student: The role of the family life education. *Family Relation, 30,* 39-43.

Backteman, G., & Magnusson, D. (1981) Longitudinal stability of personality characteristics. *Journal of Personality, 49*(2), 148-160.

Bandura, A. (1977). Self-efficacy: Toward a unifying theory of behavioral change. *Psychological Review, 84,* 191-215.

Baumrind, D., & Black, A. (1967). Socialization practices associeted with dimensions of competence in preschool boys and girls. *Child Development, 38,* 291-327.

Beck, A. T. (1976). *Cognitive therapy and the emotional disorders.* New York: International Universities Press.

Beck, A. T. & Emery, G. (1979). *Cognitive therapy of anxiety and phobic disorders.* Philadelphia: Center for Cognitive Therapy.

Bell, N. J., Avery, A. W., Jenkins, D., Feld, J., & Schoenrock, C. J. (1985). Family relationships and social competence during late adolescence. *Journal of Youth and Adolescence, 14*(2), 109-119.

Bem, D. J. (1967). Self-perception: An alternative interpretation of cognitive dissonance phenomena. *Psychological Review, 74,* 183-200.

Bem, D. J. (1972). Self-perception theory. In L. Berkowitz (Ed.), *Advances in experimental social psychology* (Vol. 6, pp.283-200).

New York: Academic Press.

Booth, R., Bartlett, D., & Bohnsack, J. (1992). An examination of the relationship between happiness, loneliness, and shyness in college students. *Journal of College Student Development, 33,* 157-162.

Berglas, S. & Jones, E. E. (1978). Drug choice as a self-handicapping strategy in response to noncontingent success. *Journal of Personality and Social Psychology, 36,* 405-417.

Berman, C. (1999, Feb). Helping the shy child. *Family life,* 46-47.

Breck, B. E. & Smith, S. H. (1983). Selective recall of self-descriptive traits by socially anxious and nonanxious females. *Social Behavior and Personality, 11,* 71-76.

Brennan, T. (1982). Loneliness at adolescence. In L. A. Peplau & D. Perlman (Eds). *Loneliness: A sourcebook of current theory, research and therapy* (pp.269-290). New York: John Wiley & Sons, Inc.

Briggs, E. R. (1985). A trait account of social shyness. In P. Shaver (Ed), *Self, situations, and social behavior: Review of personality and social psychology* (pp.35-51). Beverly Hills: Sage Publications, Inc.

Briggs, E. R. (1988). Shyness: Introversion or neuroticism? *Journal of Research in Personality, 22,* 290-307.

Briggs, S. R., Cheek, J. M., & Jones, W. H. (1986). Introduction. In W. H. Jones, J. M. Cheek, & S. R. Briggs (Eds), *Shyness: Perspectives on research and treatment* (pp.1-14). New York: Plenum Press.

Briggs, S. R. & Smith, T. G. (1986). The measurement of shyness. In W. H. Jones, J. M. Cheek, & S. R. Briggs (Eds), *Shyness:Perspectives on research and treatment* (pp.40-60). New York: Plenum Press.

Browne, J. A. & Howarth E. (1977). A comprehensive factor analysis of personality questionnaire items: A test of twenty putative factor hypotheses. *Multivariate Behavioral Research, 12,* 399-427.

Bruch, M. A., Berko, E. H., & Haase, R. F. (1998). Shyness, masculine ideology, physical attractiveness, and emotional inexpressiveness: Testing a mediational model of men's interpersonal competence. *Journal of Counseling Psychology, 45*(1), 84-97.

Bruch, M. A., Giordano, S., & Pearl, L. (1986). Differences between fearful and self-conscious shy subtypes in background and current adjustment. *Journal of Research in Personality, 20,* 172-186.

Bruch, M. A., Gorsky, J. M., Collins, T. M., & Berger, P. A. (1989). Shyness and sociability reexamined: A multicomponent analysis. *Journal of Personality and Social Psychology, 57*(5), 904-915.

Bruch, M. A. & Phillips, S. D. (1988). Shyness and dyfunction in career development. *Journal of Counseling Psychology, 35*(2), 159-165.

Buss, A. H. (1980). *Self-consciousness and social anxiety.* San Francisco: W. H. Freeman and Company.

Buss, A. H. (1984). A conception of shyness. In J. A. Daly & J. C. McCroskey (Eds), *Avoiding communication* (pp.39-49). Beverly Hills, CA: Sage.

Buss, A. H. (1986). A theory of shyness. In W. H. Jones, J. M. Cheek,

& S. R. Briggs (Eds). *Shyness: Perspectives on research and treatment* (pp.39-46). New York: Plenum Press.

Canavan-Gumpert, D. (1977). Generating reward and cost orientations through praise and criticism. *Journal of Personality and Social Psychology, 35,* 501-513.

Cappe, R. & Alden, L (1985). *Process skill training and graduated exposure as treatment options for extremely shy clients.* Manuscript submitted for publication.

Carducci, B. (2000). Shyness: The new solution. *Psychology Today, 33,* 38-45.

Carducci, B. J., Ragains, K. D., Kee, K. L., Johnson, M. R., & Duncan, H. R. (1998). *Identifying the pains and problems of shyness: A content analysis.* (ERIC Document Reproduction Service. NO. ED425379).

Carducci, B. J. & Stein, N. D. (1988). *The personal and situational pervasiveness of shyness in college students: A nine-year comparison.* (ERIC Document Reproduction Service. No.ED297216)

Carver, C. S., Peterson, M., Follansbee, D. J., & Scheier, M. F. (1983). Effects of self-directed attention on performance and persistence among persons high and low in test anxiety. *Cognitive Therapy and Research, 7,* 333-354.

Cattell, R. B. (1965). *The scientific analysis of personality* (pp.77-102). Baltimore: Penguin.

Cheek, J. M. & Briggs, S. R. (1990). Shyness as a personality trait. In

W. R. Crozier (Ed). *Shyness and embarrassment: Perspectives from social psychology* (pp.315-337). New York: Cambridge University Press.

Cialdini, R. B. & Mirels, H. L. (1976). Sense of personal control and attributions about yielding and resisting persuasion targets. *Journal of Personality and Social Psychology, 33,* 395-402.

Cheek, J. M. & Busch, C. M. (1981). The influence of shyness on loneliness in a new situation. *Personality and Social Psychology Bulletin, 7,* 572-577.

Cheek, J. M. & Buss, A. H. (1981). Shyness and sociability. *Journal of Personality and Social Psychology, 41*(2), 330-339.

Cheek, J. M., Carpentieri, A. M., Smith, T. G., Rierdan, J., & Koff, E. (1986). Adolescent shyness. In W. H. Jones, J. M. Cheek, & S. R. Briggs (Eds), *Shyness: Perspectives on research and treatment* (pp.105-115). New York: Plenum Press.

Cheek, J. M. & Melchior, L. A. (1990). Shyness, self-esteem, and self-consciousness. In H. Leitenberg (Ed), *Handbook of social and evaluation anxiety* (pp.47-82). New York: Plenum Press.

Cheek, J. M., Melchior, L. A., & Carpentieri, A. M. (1986). Shyness and self-concept. In L. M. Hartman & K. R. Blankstein (Eds.), *Perception of self in emotional disorder and psychotherapy* (pp.113-131). New York: Plenum Press.

Cheek, J. M. & Stall, S. S. (1986). Shyness and verbal creativity. *Journal of Research in Personality, 20,* 51-61.

Chen, X. (1993). Adaptive and maldaptive social behaviors in school and their familial correlates in Chiness children: A cross-cultural perspective. *Dissertation Abstracts International, 54*(2), 1149B.

Chen, X., Rubin, K. H., & Sun, Y. (1992). Social reputation and Peer relationship in Chinese and Canadican children: A cross cultural study. *Child Development, 63,* 1336-1343.

Christian, G. et al, (1982). Cognitive and emotional factors maintaining shyness. (Eric Document Reproduction Service. No. ED226 284).

Clark, J. V. & Arkowity, H. (1975). Social anxiety and self-evaluation of interpersonal performance. *Psychological Reports, 36,* 211-221.

Coopersmith, S. (1967). *The antecedents of self-esteem.* (pp.4-7). San Francisco: Freeman.

Crews, S. A. (1991). The role of physiological reactivity in the expression and experience of shyness (social anxiety). *Dissertation Abstracts International, 52*(1), 558B.

Crozier, W. R. (1979). Shyness as a dimension of personality. *British Journal of Social and Clinical Psychology, 18,* 121-128.

Crozier, W. R. (1981). Shyness and self-esteem. *British Journal of Social Psychology, 20,* 220-222.

Crozier, W. R. (1982). Explanations of social shyness. *Current Psychological Reviews, 2,* 47-60.

Crozier, W. R. (1986). Individual differences in shyness. In W. H. Jones, J. M. Cheek, & S. R. Briggs (Eds). *Shyness: Perspectives on research and treatment* (pp.133-145). New York: Plenum Press.

Cutrona, C. E. (1982). Transition the college: Loneliness and the process of social adjustment. In L. A. Peplau & D. Perlman (Eds). *Loneliness: A sourcebook of current theory, research and therapy* (pp.291-309). New York: John Wiley & Sons, Inc.

Daniels, D. & Plomin, R. (1985). Origins of individual differences in infant shyness. *Developmental Psychology, 21*(1), 118-121.

Deffenbacher, J. L., Zwemer, W. A., Whisman, M. A., Hill, R. A., & Sloan, R. D. (1986). Irrational beliefs and anxiety. *Cognitive Therapy and Research, 10,* 281-292.

DeGree, C. E. & Snyder, C. R. (1985). Adler's psychology (of use) today: Personal history of traumatic life events as a self-handicapping strategy. *Journal of Personality and Social Psychology, 48,* 1512-1519.

Duval, S. & Wicklund, R. A. (1972). *A theory of objective self-awareness.* New York: Academic Press.

Dykman, B. & Reis, H. T. (1979). Personality correlates of classroom seating position. *Journal of Educational Psychology, 71,* 346-354.

Eisler, R. M. & Frederiksen, L. W. (1980). *Perfecting social skills: A guide to interpersonal behavior development* (pp.52-57). New York: Plenum Press.

Fatis, M. (1983). Degree of shyness and self-reported physiological, behavioral, and cognitive reactions. *Psychological Reports, 52,* 351-354.

Fenigstein, A. Scheier, M. F., & Buss, A. H. (1975). Public and private self-consciousness: Assessment and theory. *Journal of Consulting and Clinical psychology, 43*(4), 522-527.

Flavell, J. H. (1979). Metacognition and cognitive monitoring: A new area of cognitive-developmental inquiry. *American Psychologist, 34,* 906-911.

Franzoi, S. L. (1983). Self-concept differences as a function of private self-consciousness and social anxiety. *Journal of Research in Personality, 17,* 275-287.

Geen, R. G. (1976). Test anxiety, observation, and range of cue utilization. *British Journal of Social and Clinical Psychology, 15,* 253-259.

Glass, C. R., Gottman, J. M. & Shmurak, S. H. (1976). Responseacquisition and cognitive Self-statement modification approaches to dating-skills training. *Journal of Counseling Psychology, 23*(6), 520-526.

Glass, C. R. & Shea, C. A. (1986). Cognitive therapy for shyness and social anxiety. In W. H. Jones , J. M. Cheek, & S. R. Briggs (Eds). *Shyness: Perspectives on research and treatment* (pp.315-327). New York: Plenum Press.

Glidden, H. J. (1990). The relationship of shyness and anxiety in structured vs. nonstructured dyadic interactions. *Dissertation Abstracts International, 52*(1), 428B.

Goldfried, M. R. (1979). Anxiety reduction through cognitive-behavioral intervention. In P. C. Kendall & S. D. Hollon (Eds.), *Cognitive-*

behavioral interventions: Theory, research, and procedures (pp. 117-152). New York: Academic Press.

Goldfried, M. R. & Davison, G. C. (1976). *Clinical behavior therapy.* New York: Holt, Rinehart, & Winston.

Goldfried, M. R., Decenteceo, E. T., & Weinberg, L. (1974). Systematic rational restructuring as a self-control technique. *Behavior Therapy, 5,* 247-254.

Goldfried, M. R. & Sobocinski, D. (1975). Effect of irrational beliefs on emotional arousal. *Journal of Consulting and Clinical Psychology, 43*(4), 504-510.

Gormally, J., Sipps, G., Raphael, R., Edwin, D., & Varvil-Weld, D. (1981). The relationship between maladaptive cognition and social anxiety. *Journal of Consulting and Clinical Psychology, 49* (2), 300-301.

Gottman, J., Gonso, J., & Rasmussen, B. (1975). Social interaction, social competence, and friendship in children. *Child Development, 46,* 709-718.

Haemmerlie, F. M. (1983). Heterosocial anxiety in college females: A biased interactions treatment. *Behavior Modification, 7,* 611-623.

Haemmerlie, F. M. & Montgomery, R. L. (1982). Self-perception theory and unobtrusively biased interactions: A treatment for heterosocial anxiety. *Journal of Counseling Psychology, 29,* 362-370.

Haemmerlie, F. M. & Montgomery, R. L. (1984). Purposefully biased interactions: Reducing heterosocial anxiety through self-perception theory. *Journal of Personality and Social Psychology, 47,* 900-908.

Haemmerlie, F. M. & Montgomery, R. L. (1986). Self-perception theory and the treatment of shyness. In W. H. Jones, J. M. Cheek, & S. R. Briggs (Eds). *Shyness: Perspectives on research and treatment* (pp.329-342). New York: Plenum Press.

Halford, K. & Foddy, M. (1982). Cognitive and social skills correlates of social anxiety. *British Journal of Clinical pasychology, 21,* 17-28.

Hambleton, R. K. & Swaminathan, H. (1985). *Item Response Theory: Principles and applications.* Boston: Kluwer. Nijhoff Publishing.

Hargie, O., Saunders, C., & Dickson, D. (1981). *Social skills in interpersonal communication* (2nd). Cambridge: Brookline Books.

Hartman, L. M. (1986). Social anxiety, problem drinking, and self-awareness. In L. M. Hartman & K. R. Blankstein(Eds.), *Perception of self in emotional disorder and psychotherapy*(pp. 265-282). New York: Plenum.

Horowitz, L. M. French, R. S., & Anderson C. A. (1982). The prototype of a lonely person. In L. A. Peplau & D. Perlman (Eds.) *Loneliness: A sourcebook of current theory, research and theory* (pp. 183-205). New York: John Wiley & Sons, Inc.

Ishiyama, F. I. (1984). Shyness: anxious social sensitivity and self-isolating tendency. *Adolescence, 19*(76), 903-911.

Izard, C. E. & Hyson, M. C. (1986). Shyness as a discrete emotion. In

W. H. Jones, J. M. Cheek, & S. R. Briggs (Eds). *Shyness: Perspectives on research and treatment* (pp.147-160). New York: Plenum Press.

Jackson, T. (1993). The impact of perceptions of self and others on self-reported shyness. *MAI, 31*(1), 466.

Jones, E. E. & Berglas, S. (1978). Control of attributions about the self through self-handicapping strategies: The appeal of alcohol and the role of underachievement. *Personality and Social Psychology Bulletin, 4,* 200-206.

Jones, M. W. (1983). The role of cognitions in shy behavior. *Dissertation Abstracts International, 44*(3), 914B.

Jones, W. H. (1982). Loneliness and social behavior In L. A. Peplau, & D. Perlman (Eds). *Loneliness: A sourcebook of current theory, research and therapy* (pp.238-254). New York: John Wiley & Sons, Inc.

Jones, W. H., Briggs, S. R., & Smith, T. G. (1986). Shyness: Conceptualization and measurement. *Journal of Personality and Social Psychology, 51*(3), 629-639.

Jones, W. H. & Carpenter, B. N. (1986). Shyness, social behavior, and relationships. In W. H. Jones, J. M. Cheek, & S. R. Briggs (Eds), *Shyness: Perspectives on research and treatment* (pp.227-238). New York: Plenum Press.

Jones, W. H., Freemon, J. E., & Goswick, R. A. (1981). The persistence of loneliness: Self and other determinants. *Journal of Personality,*

49(1), 27-48.

Jones, W. H. & Russell, D. (1982). The social reticence scale: An objective instrument to measure shyness. *Journal of Personality Assessment, 46*(6), 629-631.

Jong-Gierveld, J. & Raadschelders, J. (1982). Type of loneliness. In L. A. Peplau & D. Perlman (Eds). *Loneliness:A sourcebook of current theory, research and therapy* (pp.105-119). New York: John Wiley & Sons, Inc.

Kemple, K. M. (1991). Famly antecedents and correlates of early shyness: Attachment and parent-child interaction. *Dissertation Abstacts International. 51*(10), 5050B.

Kemple, K. M. (1995). Shyness and self-esteem in early childhood. *Journal of Humanistic Education and Development, 33,* 173-182.

Lake, E. A., & Arkin, R. M. (1983). Social anxiety and reactions to interpersonal evaluation information (ERIC Document Reproduction Service No. ED243 058).

Lamborn, S. D., Mounts, N. S., Steinberg, L., & Dornbusch, S. M. (1991). Patterns of competence and adjustment among adolescents from autoritative, authoritarian, indulgent, and neglectful families. *Child Development, 62,* 1049-1065.

Lazarus, P. J. (1980). *The assessment of shyness in children: Preliminary instrumentation.* (ERIC Document Reproduction Service NO.ED 198441).

Lazarus, P. J. (1982). Correlation of shyness and self-esteem for elementary school children. *Perceptional and Motor Skill, 55,* 8-10.

Leary, M. R. (1982). Social anxiety. In L. Wheeler (Ed.), *Review of personality and social psychology* (Vol.3, pp.97-120). Beverly Hills, CA: Sage.

Leary, M. R. (1983). Social anxiousness: The construct and its measurement. *Journal of Personality Assessment. 7,* 66-75.

Leary, M. R. (1986). Affective and behavioral components of shyness: Implications for theory, measurement, and research. In W. H. Jones, J. M. Cheek, & S. R. Briggs (Eds), *Shyness: Perspectives on research and treatment* (pp.27-38). New York: Plenum Press.

Leary, M. R., Kowalski, R. M., & Campbell, C. D. (1988). Self-presentational concerns and social anxiety: The role of generalized impression expectancies. *Journal of Research in Personaliy, 22,* 308-321.

Leary, M. R. & Schlenker, B. R. (1981). The social psychology of shyness: A self-presentation model. In J. T. Tedeschi (Ed). *Impression management theory and social psychological research* (pp. 335-358). New York: Academic Press, INC.

Liebling, B. A. & Shaver, P. (1973). Evaluation, self-awareness, and task performance. *Journal of Experimental Social Psychology, 9,* 298-306.

Loxley, J. C. (1978). Understanding and overcoming shyness. In S. Eisenberg & L. E. Patterson. *Helping clients with special concerns.* (pp.138-155). Chicago:Rand McNally College Publishing Company.

Maroldo, G. K. (1981). Shyness and loneliness among college men and women. *Psychological Reports, 48,* 885-886.

Malouff, J. (1998). *Helping young children overcome shyness.* (ERIC Document Reproduction Service. NO.417823).

Matsushima, R. & Shiomi, K. (2000). Shyness in self-disclosure mediated by social skill. *Psychological Reports, 86,* 333-338.

McCroskey, J. C. (1981). *Oral communication apprehension: Reconceptualization and a new look at measurement.* (ERIC Document Reproduction Service. NO. ED199 788).

McCroskey, J. C., Andersen, J. F., Richmond, V. P., & Wheeless, L. R. (1981). Commumcation apprehesion of elementary and secondary students and teachers. *Communication Education, 30,* 122-132.

McCroskey, J. C. & Beatty, M. J. (1986). Oral communication apprehension. In W. H. Jones, J. M. Cheek, & S. R. Briggs (Eds), *Shyness: Perspectives on research and treatment* (pp.279-293). New York: Plenum Press.

McCroskey, J. C. & Richmond, V. P. (1982). Communication apprehension and shyness: Conceptual and operational distinctions. *Central States Speech Journal, 33,* 458-468.

Meichenbaum, D. (1972). Cognitive modification of test anxious college students. *Journal of Consulting and Clinical Psychology, 39,* 370-380.

Meichenbaum, D. H. (1977). *Cognitive-behavior modification.* New York: Plenum Press.

Melchior, L.A. (1990). *Sampling the three components of shyness: The Shyness Sydrome Inventory.* (Doctoral Dissertation, University of Michigan, 1990). University Microfilms International NO. 9034483.

Miller, N. & Maruyama, G. (1976). Ordinal position and peer popularity. *Journal of Personality and Social Psychology, 33,* 123-131.

Miller, R. S. (1983). *Impression management and the control of social anxiety.* (ERIC Document Reproduction Service. NO. ED 233249)

Miller, R. S. (1986). Embarrassment: Causes and consequences. In W. H. Jones, J. M. Cheek, & S. R. Briggs. (Eds), *Shyness: Perspectives on research and treatment* (pp.295-311). New York: Plenum Press.

Molen, K. T. (1990). A definition of shyness and its implications for clinical practice. In W. R. Crozier (Ed). *Shyness and embarrassment: Perspectives from social psychology* (pp.255-285). New York: Cambridge University Press.

Mosher, D. L. & White, B. B. (1981). On differentiating shame and shyness. *Motivation and Emotion, 5*(1), 61-74.

Morris, C. G. (1983). *Shyness and social anxiety.* (ERIC Document Reproduction Service. NO. ED 243033).

Natale, M., Entin, E., & Jaffee, J. (1979). Vocal inter-ruptions in dyadic communications as a function of speech and social anxiety. *Journal of Personality and Soical Psychology, 37,* 865-878.

O'Banion, K. & Arkowitz, H. (1977). Social anxiety and selective memory for affective information about the self. *Social Behavior and Personality, 5*(2), 321-328.

Orr, F. (1981). *Adolescent shyness and self-esteem. Unit for child studies selected papers number 16.* (ERIC Document Reproduction Service. NO. ED212388).

Page, R. M. (1990). Shyness and sociability: A dangerous combination for illicit substance use in adolescent males? *Adolescence, 25* (100), 803-806.

Patterson, M. L. & Strauss, M. E. (1972). An examination of the discriminant validity of the social avoidance and distress scale. *Journal of Consulting and Clinical Psychology, 39,* 169.

Peplau, L. A. & Perlman, D. (1982). Perspectives on loneliness. In L. A. Peplau & D. Perlman (Eds). *Loneliness: A sourcebook of current theory, research and therapy* (pp.1-18). New York: John Wiley & Sons, Inc.

Pilkonis, P. A. (1977a). Shyness, public and private, and its relationship to other measures of social behavior. *Journal of Personality, 45*(4), 585-595.

Pilkonis, P. A. (1977b). The behavioral consequences of shyness. *Journal of Personality, 45*(4), 596-611.

Pilkonis, P. A. (1977c). Shyness: Public behavior and private experience. *Dissertation Abstracts International, 37*(10), 5442B.

Pilkonis, P. A. & Zimbardo, P. G. (1979). The personal and social dynamics of shyness. In C. E. Izard (Ed), *Emotions in personality and psychopathology* (pp.133-160). New York: Plenum Press.

Plomin, R. & Daniels, D. (1986). Genetic and shyness. In W. H. Jones, J. M. Cheek, & S. R. Briggs (Eds), *Shyness: Perspectives on research and treatment* (pp.63-80). New York: Plenum Press.

Raygan, L. W. (1991). Social anxiety as a function of gender, ego development, and sociability. *Dissertation Abstracts International, 51* (12), 6117B.

Reckase (1979). Unifactor latent trait models applied to multifactor tests: Results and implications. *Journal of Educational Statistics, 4*(3), 207-230.

Rubenstein, C. M. & Shaver, P. (1982). The experience of loneliness. In L. A. Peplau & D. Perlman (Eds). *Loneliness: A sourcebook of current theory, research and therapy* (pp.206-223). New York: John Wiley & Sons, Inc.

Russell, D., Cutrona, C. E., & Jones, W. H. (1986). A trait-situational analysis of shyness. In W. H. Jones, J. M. Cheek, & S. R. Briggs (Eds), *Shyness: Perspectives on research and treatment* (pp. 239-249). New York: Plenum Press.

Russell, D., Cutrona, E., Rose, J., & Yurko, K. (1984). Social and emotional loneliness: An examination of Weiss's typology of loneliness. *Journal of Personality and Social Psychology, 46*(6), 1313-1321.

Russell, D., Peplau, L. A., & Cutrona, C. E. (1980). The revised UCLA Loneliness Scale: Concurrent and discriminant validity evidence.

Journal of Personality and Social Psychology, 39(3), 472-480.

Santee, R. T. & Maslach, C. (1982). To agree or not to agree: Personal dissent amid social pressure to conform. *Journal of Personality and Social Psychology, 42,* 690-700.

Sarason, I. G. (1973). Test anxiety and cognitive modeling. *Journal of Personality and Social Psychology, 28,* 58-61.

Sarason, I. G. (1975). Anxiety and self-preoccupation. In I. G. Sarason & C. D. Spielberger (Eds.), *Stress and anxiety.* New York: Wiley.

Schlenker, B. R. & Leary, M. R. (1982). Social anxiety and self-presentation: A conceptualization and model. *Psychological Bulletin, 92* (3), 641-669.

Sheppard, J. A. & Arkin, R. M. (1989). Self-handicapping: The moderating roles of public self-consciousness and task importance. *Personality and Social Psychology Bulletin, 15,* 252-265.

Shrauger, J. S. (1872). Self-esteem and reactions to being observed by others. *Journal of Personality and Social Psychology, 23,* 192-200.

Smith, R. E. & Sarason, I. G. (1975). Social anxiety and the evaluaion of negative interpersonal feedback. *Journal of Consulting and Clinical Psychology, 43,* 429.

Smith, T. W., Snyder, C. R., & Handelsman, M. W. (1982). On the self-serving function of an academic wooden leg: Test anxiety as a self-handicapping strategy. *Journal of Personality and Social Psychology, 42,* 314-321.

Smith, T. W., Snyder, C. R., & Perkins, S. (1983). The self-serving function of hypochondriacal complaints: Physical symptoms as self-handicapping strategies. *Journal of Personality and Social Psychology, 44,* 787-797.

Smith, T. W., Ingram, R. E., & Brehm, S. S.(1983). Social anxiety, anxious self-preoccupation, and recall of self-relevant information. *Journal of Personality and Social Psychology, 44,* 1276-1283.

Snyder, C. R. & Smith, T. W. (1982). Symptoms as self-handicapping strategies: On the virtues of old wine in a new bottle. In G. Weary and H. L. Mirels (Eds.), *Integration of clinical and social psychology* (pp.104-127). New York: Oxford University Press.

Snyder, C. R. & Smith, T. W. (1986). On being 'shy like a box': A self-handicapping analysis. In W. H. Jones, J. M. Cheek, & S. R. Briggs (Eds), *Shyness: Perspectives on research and treatment* (pp. 161-172). New York: Plenum Press.

Snyder, C. R., Smith, T. W., Augelli, R., & Ingram, R. E. (1985). On the self-serving function of social anxiety: Shyness as a self-handicapping strategy. *Journal of Personality and Social Psychology, 48,* 970-980.

Snyder, M. (1977). Impression management: The self in social interaction. In L. S. Wrightsman & K. Deaux (Eds.), *Social psychology in the eighties* (pp.90-121). Monterey, CA: Brooks/Cole.

Solano, C. H., Batten, P. G., & Parish, E. A. (1982), Loneliness and patterns of self-disclosure. *Journal of Personality and Social Psychology, 43*(3), 524-531.

Spencer, T. J. (1992). Shyness and perceptions of interpersonal attraction (cognitive complexity, nonverbal cues) *DAI-B, 53*(2), 1078.

Stott, S. J. (1985). Surmounting shyness: Cognitive behavioral treatment of junior high students. *Dissertation Abstracts International, 45*(9), 3117B.

Teglasi, H. & Hoffman, M. A. (1982). Causal attributions of shy subjects. *Journal of Research in Personaliy, 16,* 376-385.

Traub, G. S. (1983). Correlations of shyness with depression, anxiety, and academic performance. *Psychological Reports, 52,* 849-850.

Trower, P., O'Mahoney, J. F., & Dryden, W. (1982). Cognitive aspects of social failure: Some implications for social skills training. *British Journal of Guidance and Counselling, 10,* 176-184.

Turner, R. G. (1977). Self-consciousness and anticipatory belief change. *Personality and Social Psychology Bulletin, 3,* 438-441.

Walen, S. R., DiGiuseppe, R., & Wessler, R. L. (1980). *A practitioner's, guide to rational-emotive therapy.* New York : Oxford University Press.

Watkins, B. R. (1972). The development and evaluation of a transductive learning technique for the treatment of social incompetence (Doctoral dissertation, University of Oregon, 1972). *Dissertation Abstracts International, 33,* 2861B.

Watson, A. K. (1987). *Communication implications of shyness: A report from shy people.* (ERIC Document Reproduction Service. NO. ED 285 224)

Watson, A. K. & Dodd, C. H. (1991). Communication apprehension and rational emotive therapy: An interview with Dr. Albert Ellis. In M. Booth-Butterfield (Ed). *Communication Cognition, and anxiety* (pp.203-210). Newburry Park: Sage Publications.

Watson, D. & Friend, R. (1969). Measurement of social-evaluative anxiety. *Journal of Consulting and Clinical Psychology. 33,* 448-457.

Weary, G. & Arkin, R. (1981). Attributional self-presentation. In J. H. Harvey, W. Ickes, & R. F. Kidd (Eds.), *New direction in attributional research* (Vol. 3, pp.223-246). New York: Erlbaum.

Wessler, R. A. & Wessler, R. L. (1983). *The principles and practice of rational-emotive therapy.* San Francisco: Jossey-Bass Publishers.

Whitaker, D. L. (1993). Shyness in first-grade children and its relation to maternal emotions and restrictiveness. *Dissertation Abstracts International, 54*(6), 3367B.

Wicklund, R. A. & Duval, S. (1971). Opinion change and performance facilitation as a result of objective self-awareness. *Journal of Experimental Social Psychology, 7,* 319-342.

Williams, C. (1982). Shyness and self disclosure Dissertation Abstacts International, 43(5), 1602B.

Wine, J. D. (1980). Cognitive-attentional theory of test anxiety. In I. G Sarason (Ed.), *Text anxiety: Theory, research, and application.* Hillsdale, NJ: Erlbaum.

Wine, J. D. (1982). Evaluation anxiety: A cognitive-attentional construct. In H. W. Krohne & L. C. Laux (Eds.), *Achievement, stress, and anxiety.* Washington, DC: Hemisphere.

Worchel, S., Cooper, J., & Goethals, G. R. (1991) *Understanding social psychology* (fifth Ed.) (pp.101-133). Pacific Grove: Brooks / Cole publishing company.

Young, J. E. (1982). Loneliness, depression and cognitive therapy: Theory application. In L. A. Peplau & D. Perlman (Eds). *Loneliness: A sourcebook of current theory, research, and therapy* (pp.379-406). New York: John Wiley & Sons, Inc.

Zimbardo, P. G. (1977a). *Shyness.* New York: Addison Wesley.

Zimbardo, P. G. (1977b). Shyness-the people phobia. *Today's Education, 66*(1), 47-49.

Zimbardo, P. G. (1982). Shyness and the stresses of the human connection. In L. Goldberger & S. Breznitz (Eds). *Handbook of stress: Theoretical and clinical aspects* (pp.466-481). New York: Free Press.

Zimbardo, P. G., Pilkonis, P. A., & Norwood, R. M. (1975, May). The social disease called shyness. *Psychology Today,* 69-72.

Zimbardo, P. G. & Radl, S. L. (1981). *The shy child.* New York: McCraw-Hill.

永然法律事務所聲明啟事

　　本法律事務所受心理出版社之委任爲常年法律顧問，就其所出版之系列著作物，代表聲明均係受合法權益之保障，他人若未經該出版社之同意，逕以不法行爲侵害著作權者，本所當依法追究，俾維護其權益，特此聲明。

　　　　　　　　　　　永然法律事務所

　　　　　　　　　　　　李永然律師

心靈探索 9

害羞心理學入門

作　　　者：蘇素美
執行主編：張毓如
總　編　輯：吳道愉
發　行　人：邱維城
出　版　者：心理出版社股份有限公司
社　　　址：台北市和平東路二段 163 號 4 樓
總　　　機：(02) 27069505
傳　　　眞：(02) 23254014
郵　　　撥：19293172
　E-mail　：psychoco@ms15.hinet.net
網　　　址：www.psy.com.tw
駐美代表：Lisa Wu
　　Tel　：973 546-5845　　Fax：973 546-7651
法律顧問：李永然
登　記　證：局版北市業字第 1372 號
印　刷　者：翔勝印刷有限公司
初版一刷：2001 年 11 月

定價：新台幣 200 元

ISBN 957-702-478-5

國家圖書館出版品預行編目資料

害羞心理學入門 / 蘇素美作. － 初版. － 臺
北市：心理，2001〔民 90〕
　　　面 ；　公分. -- (心靈探索；9)
參考書目：面
ISBN 957-702-478-5(平裝)

1. 害羞

176.526　　　　　　　　　　　　90018196

讀者意見回函卡

No. _____　　　　　　　　　　　　填寫日期：　年　月　日

感謝您購買本公司出版品。為提升我們的服務品質，請惠填以下資料寄回本社【或傳真(02)2325-4014】提供我們出書、修訂及辦活動之參考。您將不定期收到本公司最新出版及活動訊息。謝謝您！

姓名：_____　　　性別：1□男 2□女

職業：1□教師 2□學生 3□上班族 4□家庭主婦 5□自由業 6□其他_____

學歷：1□博士 2□碩士 3□大學 4□專科 5□高中 6□國中 7□國中以下

服務單位：_____　部門：_____　職稱：_____

服務地址：_____　電話：_____　傳真：_____

住家地址：_____　電話：_____　傳真：_____

電子郵件地址：_____

書名：_____

一、您認為本書的優點：（可複選）

　❶□內容 ❷□文筆 ❸□校對 ❹□編排 ❺□封面 ❻□其他_____

二、您認為本書需再加強的地方：（可複選）

　❶□內容 ❷□文筆 ❸□校對 ❹□編排 ❺□封面 ❻□其他_____

三、您購買本書的消息來源：（請單選）

　❶□本公司 ❷□逛書局⇨_____書局 ❸□老師或親友介紹

　❹□書展⇨____書展 ❺□心理心雜誌 ❻□書評 ❼□其他_____

四、您希望我們舉辦何種活動：（可複選）

　❶□作者演講 ❷□研習會 ❸□研討會 ❹□書展 ❺□其他_____

五、您購買本書的原因：（可複選）

　❶□對主題感興趣 ❷□上課教材⇨課程名稱_____

　❸□舉辦活動 ❹□其他_____　　　（請翻頁繼續）

 心理出版社 股份有限公司

台北市 106 和平東路二段 163 號 4 樓

TEL:(02)2706-9505
FAX:(02)2325-4014
EMAIL:psychoco@ms15.hinet.net

沿線對折訂好後寄回

六、您希望我們多出版何種類型的書籍

❶□心理❷□輔導❸□教育❹□社工❺□測驗❻□其他

七、如果您是老師，是否有撰寫教科書的計劃：□有□無

書名/課程：＿＿＿＿＿＿＿＿＿＿＿＿＿＿＿＿＿＿＿＿＿＿

八、您教授/修習的課程：

上學期：＿＿＿＿＿＿＿＿＿＿＿＿＿＿＿＿＿＿＿＿＿＿＿

下學期：＿＿＿＿＿＿＿＿＿＿＿＿＿＿＿＿＿＿＿＿＿＿＿

進修班：＿＿＿＿＿＿＿＿＿＿＿＿＿＿＿＿＿＿＿＿＿＿＿

暑　假：＿＿＿＿＿＿＿＿＿＿＿＿＿＿＿＿＿＿＿＿＿＿＿

寒　假：＿＿＿＿＿＿＿＿＿＿＿＿＿＿＿＿＿＿＿＿＿＿＿

學分班：＿＿＿＿＿＿＿＿＿＿＿＿＿＿＿＿＿＿＿＿＿＿＿

九、您的其他意見

＿＿＿＿＿＿＿＿＿＿＿＿＿＿＿＿＿＿＿＿＿＿＿＿＿＿＿＿

謝謝您的指教！

12009